高雄研究叢刊
第5種

大寮圳灌溉區農地經營與用水的關係變化（1933-2012）

作者 林威權

高雄研究叢刊序

　　高雄地區的歷史發展，從文字史料來說，可以追溯到 16 世紀中葉。如果再將不是以文字史料來重建的原住民歷史也納入視野，那麼高雄的歷史就更加淵遠流長了。即使就都市化的發展來說，高雄之發展也在臺灣近代化啟動的 20 世紀初年，就已經開始。也就是說，高雄的歷史進程，既有長遠的歲月，也見證了臺灣近代經濟發展的主流脈絡；既有臺灣歷史整體的結構性意義，也有地區的獨特性意義。

　　高雄市政府對於高雄地區的歷史記憶建構，已經陸續推出了『高雄史料集成』、『高雄文史采風』兩個系列叢書。前者是在進行歷史建構工程的基礎建設，由政府出面整理、編輯、出版基本史料，提供國民重建歷史事實，甚至進行歷史詮釋的材料。後者則是在於徵集、記錄草根的歷史經驗與記憶，培育、集結地方文史人才，進行地方歷史、民俗、人文的書寫。

　　如今，『高雄研究叢刊』則將系列性地出版學術界關於高雄地區的人文歷史與社會科學研究成果。既如上述，高雄是南臺灣的重鎮，她既有長遠的歷史，也是臺灣近代化的重要據點，因此提供了不少學術性的研究議題，學術界也已經累積有相當的研究成果。但是這些學術界的研究成果，卻經常只在極小的範圍內流通而不能為廣大的國民全體，尤其是高雄市民所共享。

　　『高雄研究叢刊』就是在挑選學術界的優秀高雄研究成果，將之出版公諸於世，讓高雄經驗不只是學院內部的研究議題，也可以是大家共享的知識養分。

　　歷史，將使高雄不只是一個空間單位，也成為擁有獨自之個性與意義的主體。這種主體性的建立，首先需要進行一番基礎建設，也需要投入一些人為的努力。這些努力，需要公部門的投資挹注，也需要在地民間力量的參與，當然也期待海內外的知識菁英之加持。

　　『高雄研究叢刊』，就是海內外知識菁英的園地。期待這個園地，在很快的將來就可以百花齊放、美麗繽紛。

國史館館長

自　序

「認識環境的方式有很多種。於我而言，以『地理學』的觀點來認識環境，是最適宜的方式。」

從研究所畢業迄今，即使已過數年，我仍懷抱著這句話，面對著生活與這變動的環境。喜歡地理，對於地理學研究的嚮往，甚是曾以地理老師做為我的志願，是源於高中的地理老師——林佳慧老師，她帶給我在地理學及研究上的啟蒙。

然而升學之路繞彎，地理系未竟，來到久仰的花東縱谷，就讀位於木瓜山及鯉魚山下的東華大學，成為四年的壽豐鄉志學村村民。除了修課，「腳踏實地」參與登山社，投入「後山自然人社」，親近自然人文，是我的生活方式。進而影響考研究所時，決心以地理系為目標，我以為是彌補當年大學時未竟的志願。

大學畢業後，再次回到闊別四年的高雄。志學村四年的點點滴滴，成為山另一邊的事情了。高師大地理系三年，透過修課與田野實察，以及擬定論文研究方向和進行研究調查時，大量閱讀高雄相關的文獻，因此我重新認識既熟悉但陌生的高雄。

本書是由碩士論文修改而成的，以位於大寮區的大寮圳灌溉區做為研究範圍，以地理學的人地傳統和歷史的研究途徑，透過文獻與官方資料的整理與分析，地圖比對與分析，以及半結構式問卷訪談的田野調查，探究在大寮圳通水前和通水後，以及在不同歷史時期和經濟環境下，灌溉區的農地經營和灌溉用水兩者各呈現什麼差異，並企圖理解灌溉區的農地經營與用水之間的關係是如何轉變。

　　我的田野調查，是從炎熱的盛夏七月開始，為期近一年的調查。從小在都市成長的我，對於農村相當陌生，我對於農村的認識，僅限於過去耳聞家中長輩所傳遞的知識。直到自己親身訪問農家，我才能理解農家的辛苦，也認識農村一年的農事作息。我們在餐桌上所吃的食物，都是農人辛苦栽植，並且要設法避免每年難以準確預測的天氣災害，才能歡喜收穫。

　　那一年的田野調查，是我人生中珍貴的經驗，第一次一個人騎著輕型機車，走在對我來說是陌生的鄉間道路；第一次必須突破心裡的障礙，跨出內心的障礙與素未謀面的受訪者打交道，並且要在研究訪問過程中，適時地參雜著閒聊交談，以延續及深化訪問內容，獲取更多的訊息。雖然調查訪問偶有挫折，但多數人的熱心及對我的信任，是我繼續前進論文和田野調查的動力。現在想想，能回到家鄉就讀研究所，並且能為家鄉記錄屬於這裡的人地故事，何其有幸。

　　碩士班三年，從懵懵懂懂地修課及撰寫報告，到完成田野調查及論文，這一路上很謝謝我的指導老師──許淑娟老師的諄諄教誨及鼓勵。謝謝許老師願意收我這非本科系出身的研究生，並比照本科系出身的研究生，一視同仁地要求我。謝謝吳育臻老師在人文地理調查法、地理論文寫作研究，以及讀書會時的教導。老師們嚴謹、實事求是及腳踏實地的研究精神和工作態度，是我畢生追求的目標。

　　再者，謝謝大學母系英美語文學系的王君琦老師，啟蒙我批判及多元思辨的能力，以及邏輯辯證的重要性，啟發我從不同的視角看待世界。君琦老師的學思歷程，也鼓勵我要勇於追求自己喜歡的地理。歷史學系的陳鴻圖老師開啟我對於臺灣史研究的視野，對於臺灣史有更深度的認識；觀光暨遊憩管理研究所的許世璋老師，於教育學程開

設的環境教育，以及環境解說與戶外教學課程，啟蒙我對於環境議題的關懷與思考，謝謝阿圖老師與世璋老師對我的鼓勵。

　　最後，謝謝高雄市立歷史博物館及國立臺灣圖書館，對於本文的肯定，並謝謝高雄市歷史博物館協助出版拙作。身為高雄人，能為高雄留下人地關係的記錄，是身為高雄市民的我之榮幸！

林毓權

目　次

圖　次

表　次

照　片

第一章　緒論

第一節　研究動機

　　若欲找尋曹公圳舊圳頭，可從高雄市鳳山區的中山東路（臺1戊線），直行往屏東市區方向的鳳屏一路和鳳屏二路（臺1線），左轉入九和路後，繼續直行接九大路（臺29線），[1] 往高雄市大樹區九曲堂的方向。當留心該在哪個路口右轉時，眼前即是曹公圳橋，而橋下是曹公圳導水幹線。在過橋前，橋頭右側有條沿著導水幹線，並可到達曹公圳圳頭的小徑。

　　小徑路口的右邊有一方果園，並且路邊鄰近果園處，有座約一個人高的長型石碑，立於寬平的圓石上，而石碑連同底部的圓石，直立於方形的水泥基座平臺上，整體佇立在果園邊。面對小徑的石碑面上有著銘刻，並被漆以金黃色顯著其刻字：

曹公水利組合

　大寮圳竣功記念碑

　　高雄州知事野口敏治書

1　原為省道臺21線南段。民國103年（2014）7月16日經行政院公告解編與重編後，改編定為「臺29線」，起訖從高雄市那瑪夏區達卡努瓦至林園區汕尾。因為本研究完成於民國103年（2014）7月16日行政院公告臺21線南段改編為「臺29線」之前，基於歷史時間上的脈絡敘述，故保留本文第四章行文及地圖中所提及的「臺21線」。道路資訊參考：維基百科，〈臺29線〉。資料檢索日期：2016年8月14日。網址：https://zh.wikipedia.org/wiki/臺29線。

　　而面向果園的石碑面上，鑿有長方形的淺狀凹面，上頭有著清楚的刻字：

　　昭和七年一月十三日著手

　　昭和八年十月三十一日竣功

　　工事資金五十二万千二百五十圓也

　　灌溉總面積一千八百五十餘甲步

　　從記念碑上記載的年代推算，石碑已在此地佇立迄今超過八十年，而當地人會以「石頭公」敬稱「大寮圳竣功記念碑」，[2] 興許有著感謝大寮圳讓田園得水灌溉而豐收的心意。

　　若是不清楚本地歷史者，一般人會誤以為曹公圳也灌溉著大寮區，而從「大寮圳竣功記念碑」可知道大寮區到日治昭和 8 年（1933）才有大寮圳來灌溉當地的田園。何以即在清朝道光年間（1821-1850），由鳳山知縣曹謹以官方力量發起，並結合地方業戶，合力興建灌溉鳳山平原的「五里舊圳」和「五里新圳」，[3] 未能灌溉大寮區的平原？卻遲至八十餘年後才興築大寮圳？

　　一般而言，在臺灣土地開拓史的研究上，往往把水利事業開發視作臺灣農業史上的第一次革命，其說法的成因來自於，當埤圳等水利設施開發完成後，促使當地水稻栽植的普及。而水利事業的開發對於當地農業經濟有莫大影響，同時因為灌溉用水的使用和灌溉設施的經

2　「記念碑」一詞為日文漢字的寫法，同中文的「紀念碑」。

3　即今「曹公舊圳」和「曹公新圳」。

營與維護，也會促使灌溉區內社會結構的變動。[4] 換言之，水利設施的興築常被視為土地開墾的一部分。當灌溉系統建立後，土地開墾即宣告完成。[5]

水利設施從開始興築到竣工通水後的經營，需要資金的投入和人力的維護和管理，使之運作不息，通常也被視為一種事業的經營模式，因此又稱作「水利事業」，而臺灣早期的發展稱之為「埤圳事業」。[6]

臺灣的農田水利發展，最早起於 15 世紀末之際，[7] 來自中國大陸的漢人移入臺灣進行拓墾。至鄭氏治臺時期，開始有官築埤圳，再以招佃的方式進行耕作，但因為開築的埤圳不多，所以開墾的規模不大，[8] 臺灣本島各地僅止於小規模的零星開發。清領時期，臺灣各地透過地方上強而有力的業戶發起，透過興築完善的水利灌溉系統，加速拓墾平原的速度，促使平原水田化。如在臺北盆地，由郭錫瑠領導興築的瑠公圳，與施世榜帶領興築灌溉彰化平原的八堡圳，是由民間發起興築水圳的例子。

位於臺灣南部鳳山平原上的曹公圳，則是由清道光年間擔任鳳山知縣的曹謹，以官方發起，結合地方業戶，齊力興築「五里舊圳」和

4　廖風德，〈清代臺灣農村埤圳制度——清代臺灣埤圳制度之一〉，《國立政治大學歷史學報》，（3）（1985），頁 147。

5　黃雯娟，〈清代蘭陽平原的水利開發與聚落發展〉（臺北：國立臺灣師範大學地理研究所碩士論文，1990），頁 2。

6　黃雯娟，〈清代臺北盆地的水利事業〉，《臺灣文獻》，49（3）（1998），頁 147。

7　此時相對於約中國的明朝（1368-1644）末年。

8　王世慶，〈從清代臺灣農田水利的開發看農村社會關係〉，《臺灣文獻》，36（2）（1985），頁 107。

「五里新圳」，促使原本大多僅能依賴雨水灌溉的田園，轉為可以栽植兩期稻作的農地經營型態，帶動平原上的農業和經濟的發展。相較於臺灣各地的水利事業是由民間發起興築，曹公圳是清代官方積極經營地方水利事業的特例。[9]

曹公圳分為「新圳」和「舊圳」兩大圳路，其灌溉水源從高雄市大樹區的九曲堂引下淡水溪（今高屏溪），沿圳串連平原上的埤塘，全面灌溉高雄平原。清道光 18 年（1838）興築的舊圳，其灌溉範圍遍及清末至日治初期的小竹上里、小竹下里、大竹里、鳳山上里和鳳山下里等五里，相當於現今高雄市鳳山區，以及改制前的高雄市區南半部。[10]

而清道光 22 年（1842）興建的新圳，灌溉範圍遍及清末至日治初期的赤山里、觀音外里、半屏里、興隆外里、興隆內里，約等同於現今高雄市大樹區、鳥松區、仁武鄉、大社鄉，和改制前的高雄市北部。[11] 因為兩圳的灌溉範圍僅清末至日治初期五個里的範圍，並因興築時間的先後差異，所以稱為「五里舊圳」和「五里新圳」。

但在下淡水溪（今高屏溪）右岸一帶的平原，即現今的高雄市大寮區和林園區的範圍，除了現今大寮區的前庄、後庄、中庄等地受曹公圳灌溉外，其餘地方則無水圳的灌溉。直到日治時期，在殖產興業的背景下，政府藉由調查事業的進行，確實及清楚地掌握土地等資源，並透過治水工事和灌溉排水工事，改善原本易遭洪患氾濫的邊際

---

9 許淑娟，〈話曹公圳興築與運作〉，《臺灣濕地雜誌》，（62）（2011），頁107。

10 許淑娟，〈話曹公圳興築與運作〉，頁 107。文中的高雄市區為縣市合併前的高雄市範圍。

11 許淑娟，〈話曹公圳興築與運作〉，頁 108。

土地或浮覆地，轉做可以耕作的農地。並透過一系列的農田水利相關規則，逐步原本由民間私營的水利事業納入日本政府的掌握之中。即政府透過對於農田灌溉用水的控制，同時也掌握農地的經營。

　　根據上述的脈絡，若是能釐清一地水利開發的歷史脈絡，對區域歷史的發展能更形掌握。同時影響一地水利開發的因素有自然環境、歷史背景及人文等，由於區域環境的差異，各地水利事業的發展情形必有所差異。[12]

　　本研究依循上述的發想，試圖理解大寮區的平原，為什麼在清道光年間興築的五里舊圳和新圳，無法全面灌溉大寮平原，卻到日治時期大寮圳竣工通水後，平原才能全面得水圳灌溉？大寮平原從無水圳到有水圳灌溉，平原上的農地經營型態與田園灌溉用水，前後呈現什麼樣的差異？大寮圳通水後，水圳全面灌溉今大寮區的平原，灌溉區境內是否會受到灌溉水源充足與否的影響，促使灌溉區境內的農地經營型態和灌溉用水的方式，呈現空間上的變化？從日治昭和 8 年（1933）大寮圳竣工通水到戰後至今，隨著不同歷史時期和戰後的經濟環境變化，農地經營的型態和田園的灌溉用水兩者的之間關係有什麼樣的轉變？這些是本研究亟欲探究的方向。

第二節　文獻回顧與研究目的

一、文獻回顧

　　本文主要探討大寮圳灌溉區內的農地經營與用水關係的變化，研究議題涉及水利設施的經營與發展、灌溉區內的農地經營和利用與田

12　黃雯娟，〈清代臺北盆地的水利事業〉，頁 147。

園灌溉用水的關係變化。因本研究以大寮圳為主軸，所以本文就水利設施的相關研究，進行回顧與分析。

在水利設施的相關研究上，地理學與歷史學對於各地水利設施或水利事業的研究，已有相關的具體成果（表 1-2-1）。地理學的特色，在於重視水利灌溉區空間內的人地互動關係，並以地圖具體地呈現空間上的分布，得出一區域或空間的特色。歷史學則以相關的史料和文獻的處理及分析等史學方法見長，建立水利設施或水利事業在歷史時間脈絡的演進與發展。

表 1-2-1　臺灣水利事業的相關研究成果

學科	作者	年代	書名或篇名	出處
地理學	陳芳惠	1979	桃園臺地的水利開發與空間組織的變遷	《國立臺灣師範大學地理學研究報告》，（5），頁 49-77。
	黃雯娟	1990	清代蘭陽平原的水利開發與聚落發展	國立臺灣師範大學地理研究所碩士論文。
	楊淑玲	1994	桃園臺地之水利社會空間組織的演化	國立臺灣師範大學地理研究所碩士論文。
	蔡泰榮	2002	曹公圳及相關水利設施對鳳山平原社會、經濟之影響	國立臺南師範學院鄉土文化研究所碩士論文。
歷史學	顧雅文	2000	八堡圳與彰化平原人文、自然環境變遷之互動歷程	國立臺灣大學歷史學研究所碩士論文。
	陳鴻圖	2001	嘉南大圳研究（1901-1993）——水利、組織與環境的互動歷程	國立政治大學歷史學系博士論文。

　　在地理學對於水利事業相關議題的研究上，陳芳惠在〈桃園臺地的水利開發與空間組織的變遷〉，[13] 從文化地理學的觀點，並運用歷史地理學的方法，以桃園臺地為研究區，提出自 18 世紀漢人移居至此拓墾以來，隨著歷史背景和經濟環境的變化，本地水利的開發和經營，除了受到自然環境的影響，同時移墾此地的閩、客族群，因為本身所具備的原鄉生活方式不同，所以閩、客在耕地的選址和灌溉水源的取得上，會有所差異。

　　黃雯娟在〈清代蘭陽平原的水利開發與聚落發展〉，[14] 提出清代蘭陽平原水利開發的過程，水利開發和拓墾的方向一致。就整個蘭陽平原而言，水利事業較不發達近山和沿海地區，聚落以集村的型態為主；水利事業發達的平原地區，聚落則以散村為主，其空間分布沿溪和臨圳成列分布。

　　楊淑玲於〈桃園臺地之水利社會空間組織的演化〉，[15] 以桃園臺地為研究區，以地理學的空間角度來理解臺地上的水利灌溉活動。該研究以「水利空間結構」剖析水利灌溉空間下的「機能性空間」，另以「水利社會網絡」來闡釋人群組織於水利空間中運作所產生的「社會性空間」。得出水利空間結構雖然提供人群組織互動的架構，但社會網絡連結的程度，是隨著水利空間的自然環境差異，和社會組織而有所影響。

13　陳芳惠，〈桃園臺地的水利開發與空間組織的變遷〉，《國立臺灣師範大學地理學研究報告》，（5）（1979），頁 49-77。

14　黃雯娟，〈清代蘭陽平原的水利開發與聚落發展〉。

15　楊淑玲，〈桃園臺地之水利社會空間組織的演化〉（臺北：國立臺灣師範大學地理研究所碩士論文，1994）。

　　蔡泰榮在〈曹公圳及相關水利設施對鳳山平原社會、經濟之影響〉，[16] 說明清道光年間，由鳳山知縣曹謹帶領地方仕紳，先後完成舊圳與新圳，水圳串連平原上的埤塘，成為一個完整的水利灌溉系統，加速平原的水田化，增加農作的生產和多樣性。水圳通水後，地方上出現維護和管理水利系統的社會組織，具有穩定社會發展的效果。

　　另一方面，歷史學對於水利事業經營的相關研究，顧雅文在〈八堡圳與彰化平原人文、自然環境變遷之互動歷程〉，[17] 以歷史學的環境史概念，並運用地圖和地理資訊系統（Geography Information System），透過地圖資料的解讀，試圖突破文獻難徵的困境。研究成果指出，八堡圳通水後，促使平原上的聚落和圳路成平行的發展，同時為沿圳的聚落帶來「水源的地緣關係」，成為除「血緣關係」、「祖籍地緣關係」之外，另一個重要的凝聚力。為了克服自然環境的限制，水利單位推行分水制和輪灌制。戰後的工業化，水圳由農業灌溉轉變為排水溝，促使人與自然的關係由最初的對抗，然後適應，轉為緊密至疏離。

　　陳鴻圖於〈嘉南大圳研究（1901-1993）──水利、組織與環境的互動歷程〉中，[18] 提出在嘉南大圳竣工推水後，改變嘉南平原上原本的人地互動關係。水圳通水後，平原上人口增加，而農作生產逐漸產生米糖增產的壓力，促使生產方式的改變，由三年一作轉變成三年兩作。水資源的利用和需求的增加，相對地讓水利和環境的關係日益緊

16　蔡泰榮，〈曹公圳及相關水利設施對鳳山平原社會、經濟之影響〉（臺南：國立臺南師範學院鄉土文化研究所碩士論文，2002）。

17　顧雅文，〈八堡圳與彰化平原人文、自然環境變遷之互動歷程〉（臺北：國立臺灣大學歷史學研究所碩士論文，2000）。

18　陳鴻圖，〈嘉南大圳研究（1901-1993）──水利、組織與環境的互動歷程〉（臺北：國立政治大學歷史學系博士論文，2001）。

張。為了維持水圳的運作，管理水利灌溉系統的水利組織，隨著水利灌溉環境的變化，其組織也會不斷調整。

從上述的研究成果可知，水利事業的發展和經營與農地的經營和利用，具有相輔相成的依賴關係。水利事業的投入，除了促進一地的農業發展，也會帶動人口的成長和聚落的發展。在地下水鑿井等相關取水技術不發達的年代，農地的經營和利用，必須依賴水利設施的灌溉。農業社會時期，農民必須一同利用水利設施來灌溉自家田園，因此透過水利設施的經營和管理，也發展出因為水利事業或農業用水，形成相關的社會組織和網絡。隨著水利事業原先所處的自然環境與人文條件的不同，水利事業發展的程度，和水利灌溉區所以呈現出來的區域或空間特色，為人地關係互動下的展現。

二、研究目的

根據研究動機，以及透過文獻回顧與分析，可得知水利事業的發展和經營，對於農地的經營和利用，有著密不可分的關係。同時農民共同使用水利設施，為了經營和管理灌溉用水，而發展出因為用水而形成緊密的人際社會網絡。據此，基於研究動機的發想，本研究試圖理解大寮圳在通水前、通水後的農地經營與田園灌溉用水使用的關係變化，因此本文的研究目的有三：

（一）探究大寮圳的興築背景及通水前灌溉區的農地經營。

（二）釐清大寮圳通水後對於農地經營的影響。

（三）分析大寮圳通水後灌溉區農地經營與用水的關係變化。

第三節　研究概念與方法

本文的研究範圍是大寮平原上的大寮圳灌溉區。為了要理解大寮圳在通水前和通水後，大寮平原上農地經營和用水之間的關係變化，以凸顯大寮圳灌溉區的空間和區域獨特性，因此本研究以地理學的「人地傳統」觀點和「歷史的研究途徑」，作為本文的兩大研究概念。

一、研究概念

（一）人地傳統

地理學跟其他學科之間的主要差別不在於研究的客體有異，而在於研究及回答問題時所持的觀點有別。地理學中所謂的人地、區域及空間等三大傳統代表了地理學家研究及回答問題時所持的觀點。[19] 其中在人地關係的研究領域中，普遍認為人類的分布和活動，與文化和社會特性深受自然環境的控制和影響，此觀點被稱之為「環境決定論」。[20] 但因為環境決定論缺乏實際的理論方法進行驗證，僅能從文獻資料推導出結果。同時人類活動也可能影響或改變自然環境，並非全由自然環境直接影響人文活動，自然環境和人類活動兩者是相互影響的，因此有環境可能論和機率論等概念出現，嘗試尋求解釋人類和環境的互動關係。

據此，本研究以「人地關係」的概念來試圖分析大寮平原在下淡水溪築堤之前，平原沿岸和低地容易受到雨季洪患的影響，造成田園與聚落流離失所，環境不甚穩定。築堤後雖然穩定平原環境，免於雨

19　施添福，〈地理學中的人地傳統及其主要的研究主題〉，《國立臺灣師範大學地理學研究報告》，（6）（1980），頁 204。

20　施添福，〈地理學中的人地傳統及其主要的研究主題〉，頁 208。

季洪患之苦，但缺乏完善的水利設施。大寮圳通水後，雖然水圳由北到南全面灌溉大寮平原，克服原先僅能依賴雨水灌溉的「看天田」環境限制，但在灌溉水源有限的情況下，灌溉區境內從水頭到水尾沿圳的農地經營和利用，是否因為灌溉水充足與否，而影響農民在作物栽植上的選擇，導致農地經營方式的差異，還有田園灌溉的用水方式不同，在灌溉區內呈現空間上的變化？同時也嘗試釐清大寮圳通水前和通水後，對於農地經營和利用的影響。

（二）地理學中「歷史的研究途徑」

地理學除重視人和地之間的互動關係，也重視空間和區域的界定，來解釋一空間與區域內的人地互動關係，得出該區域或空間的獨特性。而所謂的地理區，一般係指根據某些特定的指標分割出來，而具有共同人文和自然特性的地域。地理區應是一系列特定歷史和地理條件下的產物，是人群在漫長的歷史過程中，藉由人群與土地，人群與人群，長期而多變的交互作用，逐漸塑造而成的。[21] 換言之，即利用歷史地理學研究取徑，因為歷史地理學除了關注地理學的空間性，還有歷史的時間性，以解釋一地理環境的形塑過程。[22]

承上述的概念，本研究利用地理學中的歷史的研究途徑，藉由歷史時間的脈絡，配合地理學的空間概念，主要以日治大正 10 年（1921）下淡水溪護岸工事在大寮庄沿岸築堤完工為時間點，分為「築堤前」與「築堤後」，接續以昭和 8 年（1933）大寮圳竣工通水為時間分界，分成「通水前」和「通水後」。

---

21 施添福，〈區域地理的歷史研究途徑：以清代臺灣岸裡地區為例〉，《空間、力與社會》（臺北：中央研究院民族學研究所，1995），頁 41。

22 Paul Cloke、Philip Crang、Mark Goodwin 著，王志弘等譯，《人文地理學概論》（臺北：巨流，2006），頁 205。

　　而在歷史時間上，因牽涉政治經濟環境的時間變化，故分為日治時期（1895-1945）與戰後（1945-　），又因戰後臺灣經歷了產業的經濟變遷，故再細分為戰後初期（1945-1960）和工業化後（1960-1990）與迄今（1990-2012）兩個階段。

　　根據以上的時間的界定，本研究範圍的時間界定，以大正 10 年（1921）做為區分築堤前、後的時間點，以及以昭和 8 年（1933）為大寮圳竣工通水的時間，分通水前、後。藉由明確的時間和年代界定，釐清大寮平原的人文歷史發展脈絡，同時建構平原在水圳通水前、通水後的農地經營和用水情形，試圖分析兩者的關係變化歷程，和釐清大寮圳通水後對於灌溉區農地經營的影響程度，建構灌溉區的地區獨特性。

二、研究方法

（一）文獻與官方資料的整理與分析

　　透過整理和分析文獻史料和官方資料等文字紀錄，可以了解研究區一地發展的概況，並且透過史料文獻的紀錄，了解下淡水溪治水築堤工事和大寮圳興築工事的原因與經過，以及不同歷史時期的農業發展概況。因此本研究在資料的蒐集和運用上，依照資料的形式和出版時間可分為：

1. 文獻與官方資料

　　包含清代的地方志，如《鳳山縣采訪冊》；日治時期的期刊《臺灣の水利》與《下淡水治水事業概要》等治水與水利事業相關書籍，與地方志《鳳山廳要覽》等，爬梳和整理文獻中對於埤圳、治水工事、築圳工事與農業發展等相關紀錄。

2. 報紙

主要整理日治時期的《臺灣日日新報》(附錄 3)和《臺灣總督府府報》對於大寮圳相關的報導和紀錄,以釐清日治時期大寮圳的興築和運作發展概況。另整理《臺灣農事報》對於大寮庄的農事生產的相關報導,以掌握大寮庄的農業發展。戰後則利用《聯合報》等對於大寮鄉農業發展和大寮圳的相關新聞報導(附錄 4),建構從戰後初期到工業化後迄今的農業發展和大寮圳的運作的概況。

3. 統計資料

日治時期主要以《鳳山廳第一統計書》、《高雄州統計書》等為主,以及《鳳山廳要覽》,整理田、畑面積的統計數據。戰後則利用《高雄縣統計要覽》,整理大寮鄉的歷年作物生產的統計數據。

(二) 地圖比對與分析

利用不同時期的地圖,並配合田野調查所得,以及對照歷史文獻上的紀錄,對地圖進行重繪與改繪。在地圖的蒐集與使用上,根據年代劃分,計有日治時期和戰後的地圖兩大類。

日治時期的資料,利用明治 37 年(1904)《二萬分之一臺灣堡圖》了解大寮區在清末到日治初期的自然和人文環境概況。輔以昭和 3 年(1928)《五萬分之一臺灣地形圖》,了解大正 10 年(1921)下淡水溪治水工事於大寮庄沿岸築堤後,大寮平原的景觀。最後以昭和 3 年(1928)測圖,昭和 17 年(1942)修測的《二萬五千分一臺灣地形圖》來理解昭和 8 年(1933)大寮圳竣工通水後,大寮平原的地理環境變化。

戰後的地圖,主要利用第一版(1977)、第二版(1984)、第三版(1990)與第四版(1998)《五千分之一像片基本圖》,理解戰後初期至

工業化後大寮平原的地景變化，同時利用地圖上的標註，繪出大寮圳灌溉區在工業化前、後，灌溉區境內的工廠分布圖。同時也利用第一版（1985）、第二版（1992）和第三版（1999）《二萬五千分之一經建版地形圖》，同時配合田野調查所得，了解工業化後至現今大寮圳灌溉區的農地利用變化。

（三）田野調查

除了透過文獻的整理和分析，和地圖的比對與分析之外，透過田野調查的方法，進行實地訪談和調查的工作。本研究的田野調查方法，主要是利用事先擬好的半結構式訪談問卷（附錄 1），以實地調查，同時訪問實際在田間務農的農民，記錄灌溉區農地的經營方式，與如何使用灌溉水，進而分析灌溉區農地經營和用水之間的關係變化。同時配合訪問灌溉區內的居民，了解大寮圳灌溉區的人文歷史發展，以建構研究區的人文歷史背景。

因為本文的研究範圍——大寮圳灌溉區，屬高雄農田水利會大寮工作站的管轄範圍，所以為了要理解大寮圳灌溉排水系統自日治昭和 8 年（1933）通水至今的發展概況，以及水圳的運作和管理情形。吾透過大寮工作站引薦從工作站退休的站員，[23] 以事先擬定好的半結構

23　受訪者分別是：

　　(1) 田野調查（2012 年 12 月 15 日）訪問所得。大寮區翁園里的蔡先生，出生於日治昭和 14 年（1939）。戰後民國 60 年代（1970s）30 多歲進入高雄農田水利會，服務於九曲工作站。民國 73 年（1984）轉至大寮工作站，負責管理大寮圳第 35、36、37、38、39、40 輪區。於民國 93 年（2003）退休。

　　(2) 田野調查（2012 年 12 月 17 日）訪問所得。林園區王公里三張廊的黃先生，出生於日治昭和 13 年（1938）。戰後民國 58 年（1969）6 月開始服務於大寮工作站，擔任副管理師一職，負責管理大寮圳導水幹線和第 1、2 輪區，與林園圳第 1、2、3 輪區。於民國 92 年（2003）退休。

式訪談問卷進行深度訪談（附錄 2），了解戰後至今大寮圳的運作和管理情形，以及灌溉區的農地經營變化與灌溉用水的使用情形。

　　透過田野調查的實地觀察記錄，現今田園邊多以鑿井和安裝電動抽水馬達的方式，來抽地下水灌溉田園。因為田園邊要鑿井抽地下水，若是要安裝電動抽水馬達，必須要臺灣電力公司營業處申請農業用電，才可以安裝電動馬達來抽水，所以為了要釐清大寮圳灌溉區境內，農民於田園邊自行鑿井抽地下水的情形。在進行該項調查時，對照第四版（1998）《五千分之一像片基本圖》，標註有鑿井並安裝電動抽水馬達的田園位置，同時記錄豎立於水井旁邊的電線桿上的電表編號，再將把所抄錄的電表編號，到臺灣電力公司鳳山區營業處查閱電表的申請時間，以釐清灌溉區的農地從何時開始轉為使用鑿井，並申請農業用電和安裝電動馬達，以抽地下水的方式灌溉田園，驗證田野調查訪問所得。

第四節　研究範圍的選定與自然環境特質

一、研究範圍的選定

　　本文研究區以高雄市大寮區的「大寮圳灌溉區」做為研究範圍（圖 1-4-1）。大寮圳灌溉區除了包含大寮區的平原地區，以及位在平原西邊之鳳山丘陵內的山間谷地，該地呈周圍高而中間低的地形，此處地下水位較高。當夏季時地下水位提高，容易渚水，當地人以「拷潭」稱之。

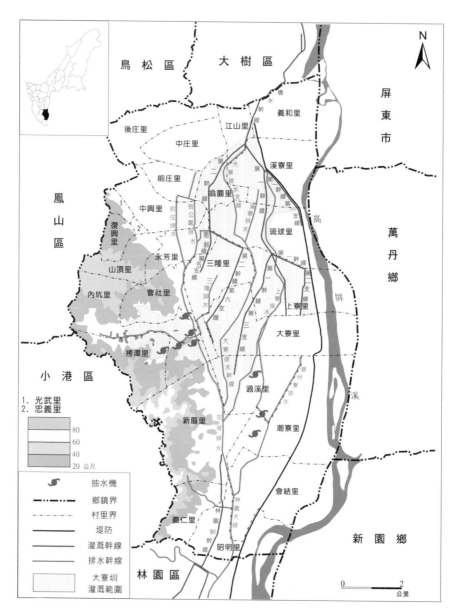

圖 1-4-1　大寮圳灌溉區的範圍

資料來源：內政部，《高雄縣大寮鄉行政區域圖》（臺北：內政部，2005）。高雄農田水利會大寮工作站，《高雄農田水利會大寮工作站灌溉排水系統圖》。

　　因為大寮圳的灌溉範圍，除了一部分在鳳山丘陵內的「拷潭」，其餘主要在大寮區境內的平原地區，所以平原地區在自然地理環境的界定上，本研究以「大寮平原」稱之。大寮平原位於高屏溪下游右岸，與左岸的屏東縣屏東市、萬丹鄉和新園鄉相望，西臨鳳山丘陵，與西北邊的鳳山區相鄰，和西南的小港區相接，南接林園區，北邊大致以曹公圳圳路為界，和大樹區與鳥松區相鄰。[24]

　　就人文地理環境而言，基於大寮圳灌溉區屬於大寮區的平原區內，並且為了明確地指出灌溉區境內的村里行政區和聚落，以清楚地指出灌溉區的範圍和水利設施等位置，所以也必須釐清大寮區在不同時期的行政區劃。

　　大寮平原在清末的行政區域範圍，分屬於小竹上里和小竹下里。[25]其中小竹上里的磚仔磘庄、山仔頂庄和翁公園庄，與小竹下里的拷潭庄、大藔庄和赤崁庄，大致為今日大寮區的行政區範圍（圖 1-4-2）。日治初期屬鳳山支廳、鳳山出張所、鳳山辨務署、鳳山廳等上級單位管轄。[26]至大正 9 年（1920）行政區調整後，將小竹上里的的磚仔磘

24　陳國川編纂，許淑娟等撰述，《臺灣地名辭書　卷五　高雄縣　第二冊（下）》（南投：國史館臺灣文獻館，2008），頁 503。

25　大寮區最早在明鄭時期屬於小竹橋庄的一部分，當時還包含現今的林園區與大樹區。清康熙 22 年（1683）小竹橋庄改隸鳳山縣，清道光年間小竹橋庄改成小竹橋里，至清光緒 14 年（1888）再分成小竹上里和小竹下里。引自：陳國川編纂，許淑娟等撰述，《臺灣地名辭書　卷五　高雄縣　第二冊（下）》，頁 503。

26　陳國川編纂，許淑娟等撰述，《臺灣地名辭書　卷五　高雄縣　第二冊（下）》，頁 503。

庄、山仔頂庄和翁公園庄，與小竹下里的拷潭庄、大藔庄和赤崁庄，[27]
合併為高雄州鳳山郡大寮庄。戰後則改為高雄縣大寮鄉，至民國 99 年
（2010）12 月 25 日高雄縣、市合併後，改為高雄市大寮區（表 1-4-1）。

　　大寮平原上的大寮圳灌溉區，其灌溉水源是從大樹區九曲堂的曹
公圳取水口處引高屏溪，經由導水幹線灌溉大寮平原。大寮圳的灌溉
線主要分為第一幹線與第二幹線，再由幹線分出六條支線，灌溉大寮
區境內的平原。第一幹線下接第一支線、第二支線和第三支線，主要
流經溪寮里、琉球里、上寮里和大寮里等；第二幹線下接第五支線和
第六支線，流經翁園里、琉球里、三隆里等。

　　因為大寮圳圳路由北至南距離長，當在播種插秧時期，沿圳的田
園都亟需圳水灌溉，有時水路受阻，阻礙圳水流往下游，造成上、下
游田園得圳水灌溉時間的早晚不同，所以在灌溉區境內形成「水頭」
和「水尾」的空間劃分。大體而言，大寮里以北屬於水頭地區，而過
溪里和潮寮里一帶屬於水尾地區。

　　另外有排水線，主要為由北至南縱貫大寮平原中央的大寮排水支
線和大寮排水幹線，來排除灌溉後的剩餘水，最後於新厝里匯流至沿
著鳳山丘陵邊的在萊排水線，經灌溉區南邊的林園大排，最後流入臺
灣海峽。

　　除此之外，因為拷潭里和內坑里所處的地勢稍高，所以高雄農田
水利會在沿著在萊排水線的鳳林路邊附近，裝設數臺抽水機，抽取在

---

27 「藔」同「寮」。日治大正 9 年（1920）實行地方制度改正，同時改正地名文
　字。如舊俗字「藔」，與其相對應的改正字是「寮」。引自：施添福，〈【導
　讀】《臺灣堡圖》日本治臺的基本圖〉之「表五、地方制度改革新舊地名文
　字對照表：1920」，《臺灣堡圖（上）》（臺北：遠流，1996），頁 3。

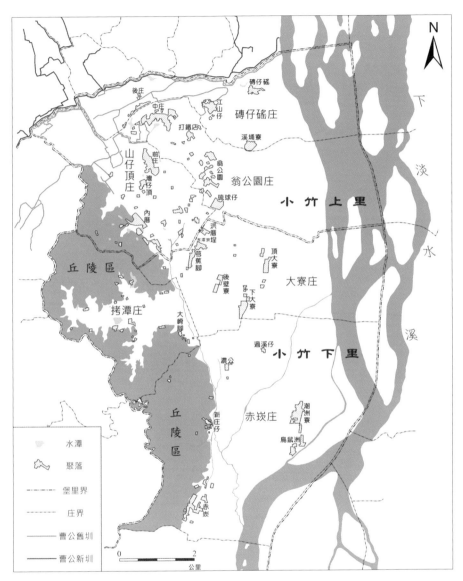

圖 1-4-2　清末至日治初期大寮平原的里庄界與聚落

資料來源：臺灣總督府臨時臺灣土地調查局，《二萬分之一臺灣堡圖》（臺北：臺灣日日新報社，1904）。

萊排水線的水，對拷潭里和內坑里補注灌溉。而潮寮里和過溪里等地，因為處在圳路末段，時有圳水不足的情況，所以在這兩里安裝數臺電動抽水機，以抽地下水的方式來補注兩地的灌溉水源。目前大寮圳灌溉區由「高雄農田水利會大寮工作站」維護和管理。[28]

　　亦即本研究範圍囊括「大寮平原」，以及鳳山丘陵內的山間谷地，即當地人稱作的「拷潭」，屬於大寮圳的灌溉範圍。

表 1-4-1　高雄市大寮區行政區劃沿革一覽表

民國時期		日治時期				清代
高雄市大寮區（2010）	高雄縣大寮鄉（1945）	高雄州鳳山郡大寮庄（1920）		臺南廳鳳山支廳（1901）		臺南府鳳山縣（1895）
里	村	大字	小字	區	街庄	里
義和里 溪寮里 江山里 後庄里 中庄里	義和村 溪寮村 江山村 後庄村 中庄村	磚子磘	-	中庄區	磚仔磘庄	小竹上里
翁園里 琉球里 前庄里 永芳里	翁園村 琉球村 前庄村 永芳村	翁公園	-		翁公園庄	
山頂里 中興里 光武里 忠義里	山頂村 中興村 光武村 忠義村	山子頂	-		山仔頂庄	

28　民國 64 年（1975）林園工作站併入大寮工作站。原本由林園工作站維護管理的林園圳，轉由大寮工作站負責。

（續上頁）

民國時期		日治時期				清代
高雄市 大寮區 （2010）	高雄縣 大寮鄉 （1945）	高雄州 鳳山郡大寮庄 （1920）		臺南廳 鳳山支廳 （1901）		臺南府 鳳山縣 （1895）
里	村	大字	小字	區	街庄	里
會社里	會社村	大寮	芎蕉腳 大寮	赤崁區	大寮庄	小竹下里
上寮里	上寮村					
大寮里	大寮村					
三隆里	三隆村					
內坑里	內坑村					
拷潭里	拷潭村	拷潭	-		拷潭庄	
潮寮里	潮寮村	赤崁	潮州寮 赤崁		赤崁庄	
會結里	會結村					
過溪里	過溪村					
新厝里	新厝村					
義仁里	義仁村					
昭明里	昭明村					

資料來源：

1. 陳國川編纂，許淑娟等撰述，《臺灣地名辭書　卷五　高雄縣　第二冊（下）》，頁 509-510。

2. 臺灣總督府臨時臺灣土地調查局，《臺灣堡圖》（臺北：臺灣日日新報社，1904）。

二、研究區的自然環境特質

　　大寮圳的灌溉區範圍主要在大寮區的平原上，以及位於鳳山丘陵內的谷地，即「拷潭」一帶，皆屬於大寮圳灌溉區。在大寮圳通水前，大寮平原與拷潭一帶，兩地受到原先的自然地理環境條件的因素，影響兩地的農地經營型態和灌溉用水的方式。因此本要點就自然地形、水文和氣候條件，來建構大寮平原的自然環境基礎，以作為了解大寮平原在下淡水溪（高屏溪）沿岸築堤前，與大寮圳通水前的農業發展環境的概況。

（一）地形

　　大寮區位於高屏溪下游右岸，區內有「平原」和「丘陵」兩大地形區。

1. 大寮平原

　　大寮平原屬於高屏溪沖積平原的範圍，全境地勢低平。沿著鳳山丘陵的鳳林路一帶，因為接近丘陵區，所以地勢較高，海拔約 10 公尺。[29] 自鳳林路往西至高屏溪沿岸一帶，地勢逐漸緩降。在高屏溪沿岸興築堤防之前，除了位於平原西北邊的前庄、中庄和後庄等地，接近內陸及地勢較高外，沿岸與平原地區的其餘地方，在雨季時容易淹水和河水漫流，造成田園流失，不利於耕作，平原環境不甚穩定。

　　根據陳正祥對於臺灣地理區域的界定，[30] 大寮平原位於臺灣南部的屏東平原上，而屏東平原為臺灣最大的平原，由高屏溪沖積而成的沖積平原，地質以沖積土為主，適合種植農作物，但土壤性質並非均質地分布。依據沖積土土壤的粒徑大小之分，以土、砂及礫為主（圖1-4-3），因此灌溉區境內各農地的土壤成分會有所差異。大致上分布在高屏溪沿岸是以砂質壤土為主要土型的「濁水系」土壤，適合種植甘蔗，[31] 並且有以砂質壤土、極細砂壤土、壤土及坋質壤土等為主的「溪州系」土壤，[32] 排水尚可，該土壤皆適合種植水稻和甘蔗，以及在大寮區分布最廣的「大排沙系」土壤，以細砂土、壤質砂土、壤土、坋質壤土及極細砂土為主，是適合甘蔗生長的土壤。[33] 要言之，灌溉區境內的

29　林朝宗主編，〈圖 5-7　全新世（末次）海進最大分布範圍示意圖〉，《臺灣地區地下水觀測網第一期計畫　屏東平原水文地質調查研究總報告》（臺北：經濟部中央地質調查所，2002），頁 86。

30　陳正祥，《臺灣地誌　中冊》（臺北：南天書局，1993），頁 867。

31　國立中興大學土壤學系，《高雄縣土壤調查報告》（臺中：國立中興大學，1975），頁 129。

32　國立中興大學土壤學系，《高雄縣土壤調查報告》，頁 131。

33　國立中興大學土壤學系，《高雄縣土壤調查報告》，頁 137。

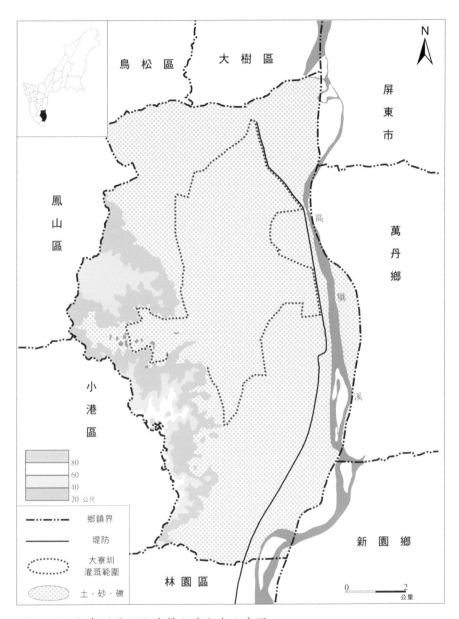

圖 1-4-3　大寮圳灌溉區地質土壤分布示意圖
資料來源：經濟部中央地質調查所編印，《臺灣地質圖》（臺北：經濟部中央
地質調查所，1986）。

土壤成分，大致上以「壤土」和「砂土」為主，是適合種植稻米和甘蔗等農作物的土壤。

根據田野調查的實地訪問，[34] 灌溉區境內農民對於農地土壤成分組成的認識，從大寮里以南至過溪里、潮寮里一帶，屬於含砂量較高的土壤，因土粒間孔竅大，不能保水，灌溉滲漏量多，所以需要經常灌溉，但是優點是排水良好，[35] 所以適合種植白蘿蔔、甘薯和落花生等作物。而大寮里以北是保水能力較好的壤土，並且具保肥、排水和通氣等特性，耕作容易，作物根羣可自由伸展，是最理想的土壤。[36]

2. 鳳山丘陵

鳳山丘陵位於大寮平原的西側，是珊瑚礁堆積物，地質以多孔質珊瑚石灰岩為主。其位置在鳳山區的南邊，大寮區及林園區和小港區的交界處一帶，為南北走向的臺地，[37] 臺地鄰接鳳山區的地勢高達 70 公尺，位於赤崁以西的地區，高度 98.1 公尺，大坪頂位於此地，臺地南部最高有 145 公尺，南邊至鳳鼻頭沉入海岸。[38] 因為山形像鳳凰，所以得「鳳山」之名，清代曾有「鳳岫春雨」，為鳳山縣八景之一。[39]

---

34 田野調查期間訪問所得。當地農民會以臺語稱土壤「卡砂」指含砂量較多，而「卡土」則是屬於壤土。

35 臺灣農家要覽策劃委員會編輯委員會，《臺灣農家要覽》（臺北：財團法人豐年社，1980），頁 1437。

36 臺灣農家要覽策劃委員會編輯委員會，《臺灣農家要覽》，頁 1438。

37 施添福編纂，吳進喜撰述，《臺灣地名辭書 卷五 高雄縣 第一冊》（南投：臺灣省文獻委員會，2000），頁 20。

38 林朝棨，《臺灣省通志稿 卷一 土地志‧地理篇（第一冊）》（臺北：臺灣省文獻委員會，1957），頁 1363。

39 陳國川編纂，許淑娟等撰述，《臺灣地名辭書 卷五 高雄縣 第二冊（下）》，頁 505。

　　丘陵內有山間谷地，地勢相對於大寮平原是稍微高些。過去谷地上有數個水潭，當地人稱為「山仔湖」，水源來自山間逕流和雨季降水，蓄積於窪地而成水潭，當地農民會引水潭的水灌溉田園，以水稻和菱角為主，谷地周圍的丘陵和高地則以鳳梨為主。近年許多水潭已被填平，轉作工廠或建築等用地。谷地上有拷潭、內坑兩里，而拷潭里的地名源自里內的窪地，每當雨季降水蓄積成深潭，在乾季缺水時又成淺潭，當地居民稱作「拷潭」。依據臺語發音，即潭水少且含沙量多的意思。[40] 後來成為本地的地名。

（二）水文

　　高屏溪為臨近大寮平原的河流，舊稱「下淡水溪」，全長 171 公里，僅次於濁水溪，是臺灣第二長河，為高雄市和屏東縣市的界河。高屏溪上游有二源，東源為旗山溪（楠梓仙溪），西源為荖濃溪，[41] 兩溪發源自南投縣玉山主峰附近，匯集嘉義縣、高雄市、屏東縣和臺東縣交界附近的逕流後，形成主流，流經嶺口附近後，才稱高屏溪，[42] 其集水面積 3,256.85 公里，年逕流量 85 億立方公尺。[43] 自屏東以下 20 公里間，下游河床沙洲遍布，[44] 最後在高雄市林園區和屏東縣新園鄉交界處出海，流入臺灣海峽（圖 1-4-4）。

40　陳國川編纂，許淑娟等撰述，《臺灣地名辭書　卷五　高雄縣　第二冊（下）》，頁 531。

41　陳正祥，《臺灣地誌　中冊》，頁 869。

42　許淑娟，〈高屏溪流域的族群拓殖〉，《臺灣學通訊　河川（二之一）》，（73）（2013），頁 13。

43　吳志銘主編，《臺灣地下水資源圖說明書》（臺北：經濟部水利署，2003），頁 69。

44　陳正祥，《臺灣地誌　中冊》，頁 869。

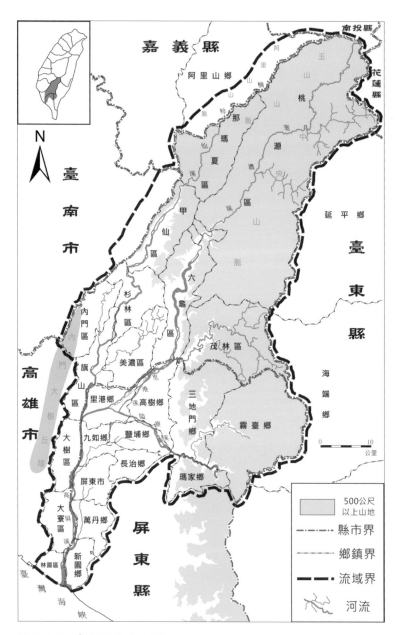

圖 1-4-4　高屏溪的水文圖

直接引自：許淑娟，〈高屏溪流域的族群拓殖〉，頁 12。

　　每年夏天雨季和颱風季時，高屏溪容易暴漲，過去在築堤之前，下淡水溪下游兩岸容易受到溪水暴漲的侵襲，造成沿岸的平原低地淹水，毀壞平原上的田園和聚落。日治大正 10 年（1921）大寮平原沿岸築堤後，堤防內的平原免於雨季洪患淹水之苦，而堤防外的溪埔地也普遍做為農地利用，但在夏季豪大雨時，靠近下淡水溪的溪埔地，容易因溪水暴漲造成田園流失。

（三）氣候

　　大寮平原位在熱帶季風氣候區，就氣溫而言，因為全年溫暖，所以是適宜作物生長的環境，但就降雨量而言，因為受到夏雨冬乾的影響，作物的栽植容易受到降水量的限制。以下分別從氣溫和降雨條件，來分析氣候對於大寮平原的農地經營的影響（表 1-4-2）。

1. 氣溫

　　大寮平原屬於熱帶季風氣候，全年氣候溫暖。氣溫上，年均溫約在攝氏 25 度間，適宜栽植各種作物，但夏季炎熱，月均溫在攝氏 28 至 29 度間，容易有病蟲害的發生，影響作物的栽植和產量。1 月均溫接近攝氏 19 度，仍屬適宜作物生長的溫度，因此大寮平原全年皆可栽植作物。

2. 降雨

　　本地全年氣候溫暖，適宜作物生長，但就年降水量而言，全年雨量約 2,000 公釐，屬於多雨的氣候型態，但降雨分配不均，呈現夏雨冬乾的狀態。每年的 5 月和 6 月適逢梅雨季節。7 月和 8 月正值颱風季，颱風常挾帶豪雨，大量的降水容易造成高屏溪溪水暴漲（圖 1-4-5）。在沿岸堤防尚未興築前，大寮平原地勢較低處，容易受到洪患侵襲，影響農地經營的發展。

綜上所述，從地形、水文和氣候等自然地理條件來分析，大寮平原在無堤防和水利設施等人為設施投入前，平原上的農地經營容易受到自然環境條件的先天因素，發展上受到限制。

表 1-4-2　高雄地區專用氣象觀測站全年各月均溫與降水量

月份	1	2	3	4	5	6	7	8	9	10	11	12	年平均／合計
氣溫（℃）	18.4	19.8	22.6	26.2	28.8	29.7	30.3	29.8	29.1	27.4	23.5	20.2	25.5
雨量（mm）	16.9	22.4	31.9	65.2	198.2	435.1	427.0	477.2	237.1	59.7	19.0	12.7	2,002.4

資料來源：中央氣象局（1982-2011），《氣候資料年報　第一部分——地面資料》（臺北：交通部中央氣象局）。

說明：

1. 因中央氣象局高雄測站位於臨海的前鎮區，而大寮平原靠近內陸，位於前鎮區的西邊，臨高屏溪沿岸一帶。考慮距海遠近有氣溫與降水的差異，根據中央氣象局的《氣候資料年報　第一部分——地面資料》，故在氣溫上選用鄰近大寮平原的鳳山園試所（行政院農業委員會農業試驗所——鳳山熱帶園藝試驗分所）測站（測站編號：G2P820），而雨量為高雄農田水利會大寮測站（測站編號：11P700），兩個測站為「專用氣象觀測站」，民國 72 年（1983）前稱作民用氣象測站。
2. 「專用氣象觀測站」非中央氣象局所設的測站。
3. 因鳳山園試所測站無 1981 年月均溫資料，故 30 年氣溫與雨量資料的時間範圍調整為 1982 年至 2011 年（原時間區間範圍應為 1981 年至 2010 年）。

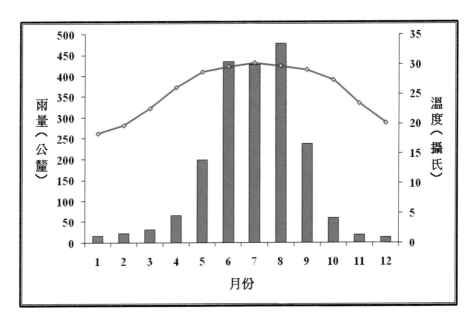

圖 1-4-5　大寮區氣候圖

資料來源：中央氣象局，《氣候資料年報　第一部分——地面資料》（臺北：交通部中央氣象局，1982-2011）。

第二章　大寮圳通水前的農業發展（1895-1933）

　　大寮平原的自然地理環境上，是下淡水溪沖積而成的平原，但沿岸築堤前，平原低地易受雨季洪患的侵襲，影響平原上的農業發展。在氣候條件方面，雖然全年溫暖，適合作物生長，但降雨季節分布不均，呈現夏雨冬乾，讓灌溉水來源的不甚穩定。本章試圖探討在此自然環境條件下，平原上的農民如何進行農業活動，以及嘗試建構下淡水溪沿岸築堤前與築堤後，大寮平原的農業發展情形。

第一節　下淡水溪築堤前的農作型態

　　從自然環境而言，大寮平原主要受到降雨時間分配不均，影響農業的發展。因為平原的灌溉水源僅能雨季時的雨水，水源受到很大的限制，所以農作型態趨於單一，無法多樣性發展。另一方面，雨季時容易造成沿岸的溪水暴漲，導致平原沿岸與地勢低窪之處，田園流失和聚落流離失所，整體人文環境呈現不穩定的狀態，農業發展也受到限制。日治初期新興製糖會社進駐本地，在山仔頂設置新式製糖工場，[1] 並在下淡水溪沿岸一帶的平原廣植甘蔗，做為供應工場製糖的原料，此時平原上的農業開始逐步的發展。

　　據此，本節依據時間的脈絡，建構在下淡水溪沿岸尚未築堤前，平原上的自然環境概況，與農地經營和灌溉用水的情形，以及分析新興製糖會社進駐後，對於平原上農地經營的影響。

1　日文漢字「工場（こうじょう、こうば）」，意即中文的「工廠」。日治時期的「工廠」，都以日文漢字表示為「工場」。據此，本文描述日治時期的工廠，以「工場」表示，以貼近時代背景。

一、不穩定與乏水的農業環境

（一）不穩定的環境

每年在進入夏季時，在 5、6 月雨季，或 7、8 月的颱風季，連日降下的豪大雨，總會讓下淡水溪溪水暴漲。上游的支流挾帶大量溪水，匯入下淡水溪後，大量河水宣洩不及，進入河床淺緩的下游時，大量溪水會溢出河道，向兩岸的平原漫流，造成平原上的田園流失和聚落流離失所。

因為小竹上里和小竹下里位於下淡水溪右岸一帶，所以每當雨季時溪水暴漲，位於下游的磚仔磘庄、翁公園庄、大寮庄及赤崁庄沿岸地區，[2] 經常遭受洪患的影響，其中因為赤崁庄一帶地勢較低，所以暴漲的溪水容易漫流至低地，導致聚落和田園流失（圖 2-1-1）。

位於赤崁庄的過溪仔，因為聚落所在的地勢較高，不會遭受洪患影響，當地人在地形的描述上，稱之為「龜頂」。[3] 鄰近的濃公和潮州寮等聚落，因為所處地勢較低，所以偶會遭逢淹水之苦。平原北邊地勢稍高的磚仔磘、江山仔等聚落，還有位居內陸的前庄、中庄和後庄等聚落，則不受洪患的影響。

清代方志對於下淡水溪的水患紀錄著墨不多，而根據日治時期臺灣總督府發行的《臺灣日日新報》，在下淡水溪築堤防前，對於大寮平原遭受下淡水溪洪患侵襲的紀錄，主要集中於大正 6 年（1917）的報導（表 2-1-1）。

---

2 「蔡」同「寮」。日治大正 9 年（1920）實行地方制度改正，同時改正地名文字。如舊俗字「蔡」，與其相對應的改正字是「寮」。引自：施添福（1996），〈【導讀】《臺灣堡圖》日本治臺的基本圖〉之「表五、地方制度改革新舊地名文字對照表：1920」，頁 3。

3 田野調查（2013 年 4 月 3 日）：於過溪里北極殿旁訪問吳先生（58）所得。

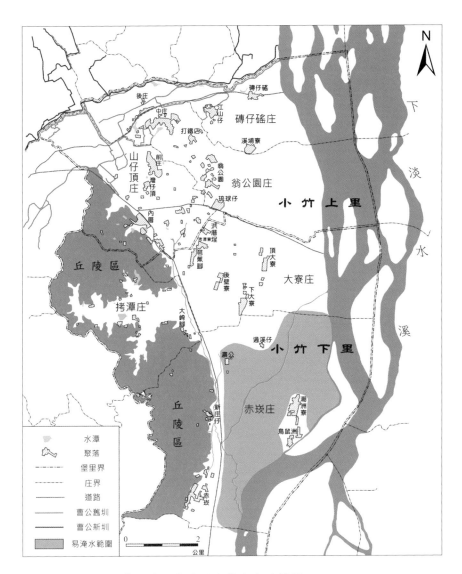

圖 2-1-1　下淡水溪築堤前大寮平原容易淹水的範圍

資料來源：

1. 底圖：臺灣總督府臨時臺灣土地調查局，《二萬分之一臺灣堡圖》（臺北：臺灣日日新報社，1904）。

2. 淹水範圍為田野調查訪問所得。

表 2-1-1　大寮平原於日治大正年間遭受下淡水溪洪患的報導

日期	標題	版次
大正 6 年 3 月 5 日	下淡水溪崩潰	2
大正 6 年 9 月 6 日	地方近事　臺南　滅亡村落	3
大正 6 年 9 月 7 日	村落滅亡	6
大正 6 年 9 月 13 日	地積の流失　下淡水溪岸に於ける	3

整理自：臺灣總督府，《臺灣日日新報》（臺北：臺灣日日新報社，1898-1944）。

　　從大正 6 年（1917）3 月 5 日的報導記載（表 2-2-1），[4] 即可得知自明治 44 年（1911）以來，從下淡水溪鐵橋算起的下游右岸六里處，[5] 每年的雨季，導致約有三千甲土地遭受洪患影響。本年的雨期，造成潮州藔的一百五十至一百六十戶村落全滅，而新興製糖會社的原料採取區也遭受莫大損害。

　　同年大正 6 年（1917）9 月 7 日的報導，提及大寮平原的潮州藔和大藔庄飽受洪水之苦：[6]

　　臺南廳下鳳山支廳管內。有新興製糖會社原料採取區域所屬。往年曾設舊式糖廍。所謂小竹下里赤崁庄地方者。因下淡水溪河流之變遷。每年雨季。田畑流失者不少。本年則至三十六甲餘。就中如潮州藔及大藔兩庄。戶數百九十戶。人口約千二百名。一時全其生業。不得轉而之他。其現狀正極困苦云。

4　〈下淡水溪崩潰〉，《臺灣日日新報》（1917 年 3 月 5 日），第 2 版。

5　下淡水溪鐵橋為今日俗稱的「高屏舊鐵橋」，和臺鐵屏東縣的高屏溪橋平行。

6　〈村落滅亡〉，《臺灣日日新報》（1917 年 9 月 7 日），第 6 版。

由此可知，在築堤防之前，此地已屬新興製糖會社原料採取區，但因為大寮平原沿岸尚未築起堤防，每年雨季時降下的豪大雨，容易導致下淡水溪溪水暴漲，下游的河水溢出兩岸，溪水宣洩不及而漫延兩岸，洪水沖毀鄰近兩岸的田園和潮洲寮和大寮，讓居民流離失所，影響生計。

同年 9 月 13 日的報導，[7] 提及潮州寮為何長年深受水患之苦，造成田園和家園流失的原因，其主要原因是有一條經過潮州寮的西邊，屬於下淡水溪的小支流，其流路經過蔗作適地。每逢下淡水溪溪水暴漲時，該支流的水量也會增加，漫流至兩旁的田園，連同主流所漫流的水，讓田園流失面積近千甲步。[8] 若是放棄常被洪水侵襲的田園，等同於居民放棄唯一的維生經濟來源，勢必會影響潮州寮居民的生計。因此當地居民再三陳情，希望近期將實行的治水工事，能將潮州寮附近劃進工事計畫的範圍內。

下淡水溪沿岸築堤防之前的大寮平原，在春、夏之時，即 5、6 月的梅雨季，以及 7、8 月的颱風季，若是降下豪大雨，並且溪水暴漲又宣洩不及，在流經河床平緩的下游地區時，溪水就會容易溢出兩岸，造成沿岸的聚落和田園的損失，影響居民的生計和安全。而平原北部的因為地勢較高，所以基本上是不容易淹水。

（二）缺乏水利設施灌溉的環境

除了在雨季和颱風季時，大寮平原容易因為豪大雨的溪水暴漲，造成沿岸和位居下游的聚落和田園的損失，整體的農業環境不甚穩定。

7　〈地積の流失　下淡水溪岸に於ける〉，《臺灣日日新報》（1917 年 9 月 13 日），第 3 版。

8　「甲步」同「甲」，為面積單位。1 甲 =9,699.17 平方公尺（或 0.969917 公頃）。

　　另一方面，大寮平原境內缺乏完善的水利灌溉設施，雖然位於平原西北邊的中庄、前庄、後庄等聚落、和靠近丘陵區的山仔頂庄境內的平原，皆屬於曹公舊圳的灌溉範圍，其水圳流經不同的聚落和地方，依照經過的聚落或該地附近，分別為中庄圳、前庄圳、後庄圳及山仔頂圳，四條水圳的總灌溉面積約九十一餘甲（表 2-1-2、圖 2-1-2）。但實際上曹公舊圳於對大寮平原的灌溉範圍有限，大寮地區的其他地方大部分仍是無法獲得曹公舊圳的灌溉；由於缺乏水利設施的灌溉，僅能依賴每年雨季的雨水來灌溉。

表 2-1-2　曹公舊圳於大寮平原的灌溉範圍

圳名	圳路概況與位置描述	灌溉面積
中莊圳	在小竹里，縣東七里，源由坪仔頭，受舊圳第一支（左支），南行二里許，分注前、後莊二圳，本支再行里許，入中莊陂。	20 甲
前莊圳	在小竹里，縣東七里，源由中莊圳分支，東南行，兼納岡山仔圳（新圳額內）水尾合流，下注山仔頂圳，長里許。	25 甲 7 分
後莊圳	在小竹里，縣東六里，源由中莊圳分支，西南行里許，下注柳仔陂。	20 甲
山仔頂圳	在小竹里，縣東六里，源由新陂瓣，受舊圳第二支（右支），東南行二里許（中游有漏泉注十三望溝），授茡蕉腳溝。	26 甲 3 分

整理自：盧德嘉，《鳳山縣采訪冊（第一冊）》臺灣文獻叢刊第七三種（臺北：臺灣銀行經濟研究室，1950），頁 78-79。

說明：

1. 中莊圳、前莊圳、後莊圳，以上三條圳均在曹公舊圳第一支內。山仔頂圳則在舊圳的第二支內。
2. 表中的「莊」為方志原文所示，同「庄」一字。

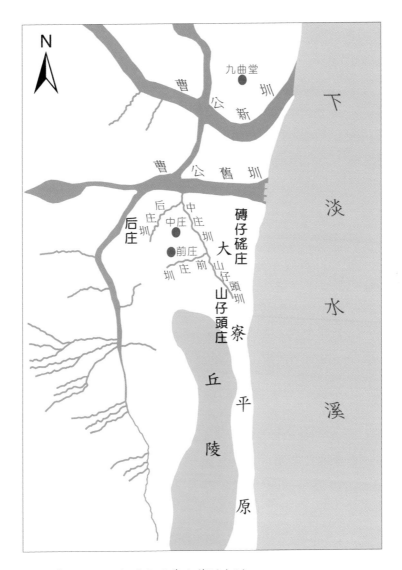

圖 2-1-2　大寮平原西北部境內的曹公舊圳支圳
重繪與改繪自：臨時臺灣土地調查局，〈曹公舊新圳灌溉圖〉，《臺灣土地慣行
一斑》（臺北：臺灣日日新報社，1905）。
說明：圖中的「山仔頭圳」與「山仔頭庄」，即「山仔頂圳」與「山仔頂庄」。
「庄」，同表 2-1-2 中的「莊」。「丘陵」即今「鳳山丘陵」。

二、新興製糖會社的進駐

　　大寮平原全境幾乎缺乏水利設施的灌溉，沿岸與南邊地勢稍低的地區又容易受到雨季洪患的影響，田園經常流失，不利於農業的發展。但在明治 36 年（1903），新興製糖會社於小竹上里山仔頂庄的山仔頂成立後，工場的蔗作區位於下淡水溪右岸平原一帶，包含磚仔磘庄、翁公園庄、山仔頂庄、大藔庄和赤崁庄等，大寮平原上的農業才有開始有規模的發展。

　　臺灣在新式製糖方式引進之前，清代以前的製糖方式，起先是在農民合夥組成，且帶有合作性質的「糖廍」[9] 中進行，其糖廍一般由農民共同設立和擁有，主要處理處理農民自己的收穫，19 世紀末市場的擴張和競爭下，增加由大地主和商人成立的糖廍，代農民處理甘蔗，收取部分比率的製成品——糖，以作為代工的費用。[10] 換言之，清代以前的製糖方式，普遍具有合作的性質，也會因地制宜形成不同類型的糖廍，但因為技術上的限制，所以生產量有限。

　　因為日本國內有著龐大的砂糖消費需求，但大部分必須仰賴進口，所以在日治初期，即注意到臺灣的砂糖生產，故明治 31 年（1898）兒玉源太郎出任總督，後藤新平擔任民政長官時，政府以振興產業為臺灣殖民政策的重心，再以獎勵糖業為振興產業的要務。[11]明治 33 年（1900）三井財閥於仁壽下里橋仔頭庄的橋仔頭，成立臺灣

9　傳統臺灣的糖廍依照經營規模和性質依序可分為牛掛廍、牛犇廍、公（家）廍、公司廍。除頭家廍為大租戶單獨出資經營，其它類型帶有濃厚的合作性質。引自：柯志明，《米糖相剋：日本殖民主義下臺灣的發展與從屬》（臺北：群學，2006），頁 65。

10　柯志明，《米糖相剋：日本殖民主義下臺灣的發展與從屬》，頁 65。

11　矢內原忠雄著，周憲文譯，《日本帝國主義下之臺灣》（臺北：海峽學術，2002），頁 243。

製糖株式會社，以及建立新式的機械製糖工場——橋仔頭工場，是臺灣本島的第一座新式製糖工場。

　　明治34年（1901）新渡戶稻造向臺灣總督府提出《糖業改良意見書》，其目的是為了以國家權力的積極介入來排除本地勢力及保護資本家企業。依據該意見書所實施的糖業保護政策，大致上包含資本補助、確保原料與市場保護等三項措施。[12]

　　在資本補助上，分為總督府的直接獎勵補助，和以臺灣銀行為中心的砂糖融資活動等措施。其中在總督府的直接獎勵補助方面，主要是依據明治35年（1902）6月制定的「臺灣糖業獎勵規則」，根據此規則，政府補助和獎勵的對象僅限於新式製糖工場。在此背景下，陳中和即利用「臺灣糖業獎勵規則」的獎勵補助政策來發展新式製糖的機會，於明治36年（1903）與陳文遠、陳昇冠、周鳴球及簡忠共5人合夥集資24萬圓，[13]成立「新興製糖合股會社」，[14]工場設在

圖2-1-3　新興製糖株式會社的製糖工場
資料來源：〈新興製糖株式會社〉，高雄市立歷史博物館典藏資料，登錄號：KH2015.005.457。

12　涂照彥，《日本帝國主義下的臺灣》（臺北：人間，2008），頁58。

13　〈新興製糖會社の事業開始準備〉，《臺灣日日新報》（1903年7月26日），第2版。

14　因為當時受限於臺灣總督府不鼓勵臺灣人設立股份公司的政策，所以只能成立「新興製糖合股會社」。明治41年（1908）新興製糖改組為資本額60萬圓的股份公司，並提擢石川昌次為董事，改名為「新興製糖株式會社」。引自：趙祐志，〈日治時期高雄陳家的資本網絡分析：以企業經營與投資為中心〉，《臺灣文獻》，62（4）（2011），頁436-437。

小竹上里山仔頂庄的山仔頂（圖 2-1-3），由陳中和出任董事長，營業項目有製糖和鐵道運輸，為第一座由臺灣人成立的新式製糖工場，營運初期的壓榨量有 150 噸。

在「臺灣糖業獎勵規則」中，為了確保工場取得原料供應來源的穩定，臺灣總督府訂定「原料採取區域制度」，其規則的目的是防止各個工場之間為取得原料而發生爭奪，以及避免擾亂甘蔗的收購價格，因此將臺灣全島的蔗作區加以劃分，或是指定原料採取區域，即規定原料區內的農民必須將收穫的甘蔗賣給政府所指定的區域製糖工場。[15] 根據原料採取區的規定，新興製糖株式會社的原料區範圍在下淡水溪右岸一帶的平原區，即今大寮區的平原範圍。

明治 38 年（1905）受到日俄戰爭的影響，糖價暴跌，工場經營受到影響。後來在明治 40 年（1907）新興製糖向臺灣銀行借款 34 萬圓，壓榨量增至 500 噸。同時原料區範圍擴大，範圍北至本館、赤山與灣仔內，南至中芸和汕尾，即現今林園區的平原一帶，西至鳳山丘陵。[16] 要言之，本文的研究範圍所在——大寮平原，屬新興製糖會社原料採取區的範圍。

三、田園的農地經營與用水

日治初期，臺灣總督府為確實地掌握臺灣的土地及各項資源，便著手進行各項事業的調查。其中的土地調查事業，[17] 從明治 31 年（1898）以 540 萬圓的預算著手調查，至明治 36 年（1903）調查完

15　涂照彥，《日本帝國主義下的臺灣》，頁 61。

16　戴寶村，《陳中和家族史——從糖業貿易到政經世界》（臺北：玉山社，2008），頁 99。

17　土地調查事業的範圍，包含土地測量、地籍確定、地圖臺帳製成、地力確定、地稅改正、地價修正等。直接引自：淺田喬二著，張炎憲譯，〈在臺日本大地主階級的存在結構〉，《臺灣風物》，31（4）（1981），頁 59。

成。[18] 土地調查的具體成果以明治 37 年（1904）出版的二萬分之一《臺灣堡圖》最為重要。

從《臺灣堡圖》上的呈現，即可得知在清末到日治初期，位於大寮平原西北邊山仔頂庄的前庄、後庄、中庄等聚落屬於曹公舊圳的灌溉區，水田化程度高，土地以水田的型態為主。拷潭庄境內大部分位於丘陵區內的谷地，谷地上的田園取水潭的水灌溉，以水田的利用型態為主。因為翁公園庄和磚仔磘庄的地勢稍高，所以溪埔寮附近以旱田為主。靠近下淡水溪沿岸的平原，因為長年飽受溪水氾濫的影響，故以荒地主要的型態。平原南邊的赤崁庄，地勢稍低，常受豪大雨時洪水氾濫的影響，田園容易流失，農業環境相當不穩定，故庄內大部分以荒地為主（表 2-1-3、圖 2-1-4）。

表 2-1-3　日治初期大寮平原的農地面積統計

里名	庄名	水田		旱田		水、旱田面積合計
		面積（甲）	%	面積（甲）	%	
小竹上里	磚仔磘	277.0635	52.22	253.4795	47.78	530.5430
	翁公園	82.8101	13.89	513.3179	86.11	596.1280
	山仔頂	284.7005	41.19	406.5520	58.81	691.2525
小竹下里	拷潭	222.6055	76.97	66.6237	23.03	289.2292
	大藔	1.5390	0.28	554.0816	99.72	555.6206
	赤崁	125.4305	13.96	772.7844	86.04	898.2149

整理自：鳳山廳，《鳳山廳第一統計書》（1909），頁 95-96。

18　淺田喬二著，張炎憲譯，〈在臺日本大地主階級的存在結構〉，頁 59。

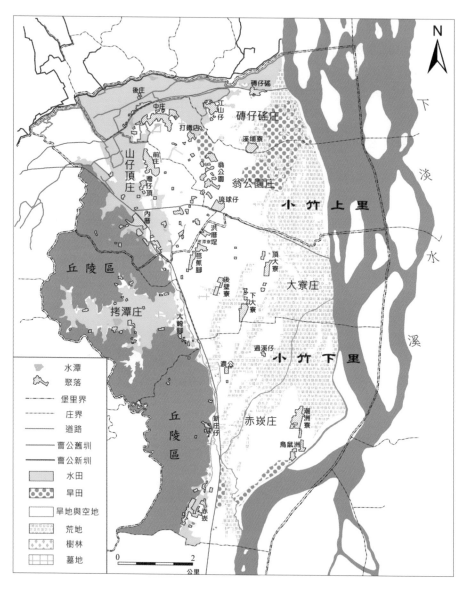

圖 2-1-4　清末至日治初期大寮平原的農地型態
資料來源：臺灣總督府臨時臺灣土地調查局，《二萬分之一臺灣堡圖》。

　　因此從自然地理環境的分析，降雨分配不均，和雨季的洪患影響平原沿岸與地勢較低的地方容易淹水，造成田園流失，導致本地農業的發展缺乏穩定灌溉用水，和農地經營上的穩定。此時期本地農業發展情形，與農地經營和田園的灌溉用水具有怎麼樣的關係？明治 36 年（1903）後，新興製糖會社進駐本地，平原劃定為工場的原料採取區域，對於本地的農業有怎麼樣的影響？

　　清末到日治初期，大寮平原在當時的行政區範圍，是位在小竹上里和小竹下里之間。其中小竹上里山仔頂庄的前庄、中庄及後庄，[19] 是屬於曹公舊圳的灌溉範圍，水田化程度高，可以栽植水稻。[20] 位於磚仔磘庄和翁公園庄的旱田，[21] 因為地勢較高，不易受到豪大雨時洪水的影響，所以可以栽種甘藷與其他雜作。

　　再者，小竹下里的大藔庄和赤崁庄方面，因為全境地勢比小竹上里的磚仔磘庄和翁公園庄還要低，所以每逢豪大雨，下淡水溪就會暴漲，河水漫過平原沿岸，尤其赤崁庄的地勢比大藔庄較低，並且庄內中間有小支流經過，於是暴漲的溪水會流經小支流，但小支流無法容納暴漲的溪水，於是漫流至兩旁，讓平原淹水更甚，造成田園流失，

19　〈早季登收〉，《臺灣日日新報》（1909 年 5 月 15 日），漢文第 3 版。報導提及：「鳳山廳下之早稻。各處皆已成熟。若考潭庄、中庄、磚仔磘庄、草衙庄等。於數日前。既著手登收。」

20　〈種蔗及種米之損益〉，《臺灣日日新報》（1911 年 7 月 30 日），漢文第 2 版。報導提及：「爾因糖業勃興。用水田以種蔗者不少。然就中之利害得失。其說不一。者回臺南廳將管內大目降、蔴荳、山仔頂庄等處。精查種蔗之收支。乃一面擇一年完全可播二季水田。及僅得播種早季者。與僅得播種晚季者。」可知山仔頂庄可栽植二期水稻。

21　〈早季登收〉，《臺灣日日新報》（1909 年 5 月 15 日），漢文第 3 版。報導提及：「鳳山廳下之早稻。各處皆已成熟。若考潭庄、中庄、磚仔磘庄、草衙庄等。於數日前。既著手登收。」其中因磚仔磘庄的北邊得曹公舊圳灌溉，故可栽植水稻。

居民流離失所。因此以荒地為主要的土地型態，少數會栽植甘蔗，另潮州藔一帶可栽植甘藷，[22] 在新式製糖工場進駐以前，當地即有傳統糖廍的經營。[23]

另外小竹下里的拷潭庄，地形以丘陵內的谷地為主，谷地內的低地可以蓄積雨水和山間逕流，所以有穩定的水源可以栽植一期水稻。[24] 谷地周圍有丘陵環繞，從日治時期丘陵區就開始栽植鳳梨。[25]

原本農業發展不穩定的平原，直到明治 36 年（1903）新興製糖會社進駐本地發展新式製糖的事業，並根據「原料採取區域制度」的規定，大寮平原屬於新興製糖會社的原料採取區範圍，平原上漸漸發展有規模地栽種甘蔗。

綜上所述，大寮平原的農業發展主要是因為灌溉水源供應穩定與否，所以影響農民對於作物栽植的選擇。直到明治 36 年（1903）新興

---

22 〈本島開拓之餘地（八）〉，《臺灣日日新報》（1905 年 11 月 9 日），漢文第 3 版。報導提及：「小竹上里大藔小竹下里潮州藔官有地百町　水利稍不便。然有運搬之便。開墾亦不甚難。以之為園。可種蕃薯。惟難雇用勞力人。故要設備適宜田藔。」

23 〈下淡水護岸工事　舊浸水地安全　利澤加於生民〉，《臺灣日日新報》（1918 年 8 月 20 日），第 5 版。報導提及：「如潮州藔庄。再或汎濫。必至全滅。該地自古宜於種蔗。舊式糖廍二百餘處。」

24 〈早季登收〉，《臺灣日日新報》（1909 年 5 月 15 日），漢文第 3 版。報導提及：「鳳山廳下之早稻。各處皆已成熟。若考潭庄、中庄、磚仔磘庄、草衙庄等。於數日前。既著手登收。」
〈早谷登收〉，《臺灣日日新報》（1910 年 5 月 19 日），漢文第 3 版。報導提及：「鳳山管下考潭庄附近。早季稻之收穫。例年較早。本年亦既於本月十二日登收。餘之早稻。亦約此數日間。將收穫云。」以上報導中提及的「考潭庄」同「拷潭庄」，應「拷」誤植為「考」。

25 陳國川編纂，許淑娟等撰述，《臺灣地名辭書　卷五　高雄縣　第二冊（下）》，頁 505。

製糖會社進駐本地發展新式製糖事業，具規模的企業投入後，平原上的農業開始有所發展。

　　以下針對不同農地經營型態，逐一分析各種形式田園的經營與灌溉用水方式。

（一）水田

1. 曹公舊圳灌溉區

　　曹公舊圳在大寮平原的灌溉範圍，以小竹上里的中庄、前庄和後庄為主，水源從大樹庄九曲堂引下淡水溪溪水，經曹公舊圳由支圳——中庄圳、前庄圳、後庄圳和山仔頂圳，全面灌溉大寮平原西北部。平原本身因為所處較為內陸，並且地勢較高，所以不會淹水，同時有水圳可以提供穩定的灌溉水源，所以整體的農業環境發展穩定，以兩期稻作為主要作物。

2. 拷潭庄

　　因為拷潭庄境內多水潭而得名。雖然拷潭庄位於丘陵內的谷地，境內無水利設施，以及可從溪流引水灌溉田園，但有地勢較低的窪地可以蓄積夏天雨季時的雨水，與山間高地的逕流，形成一窟窟的水潭，俗稱「窟仔」或「埤仔」。[26] 庄內最大的窟仔有近四十至五十甲的面積，面積廣大，似一面湖泊。因為所在位置較臺地旁的平原高些，因此平原上的居民稱之為「山仔湖」。[27] 山仔湖以種植水生植物——「菱角」為主。

　　庄內的窟仔可以蓄水，雨季時可蓄積雨水形成深潭，乾季時缺水而成為淺潭，所以得「拷潭」一地名，即潭水水量少和含沙量多之

26　田野調查（2013 年 4 月 3 日）：於上寮里大隆宮廟埕訪問簡先生（91）所得。
27　田野調查（2013 年 4 月 3 日）：於上寮里大隆宮廟埕訪問簡先生（91）所得。

意。[28] 對於農民而言，有可以蓄水的窟仔，即有穩定供應的灌溉水源，所以可以種植一期稻作。於每年的新曆 11 月栽植，至來年的清明節前夕收穫，是南部最早收穫的稻米。或者，有些地勢較低窪的農地，在雨季時容易蓄積降水成為水潭，農民會趁此時種植菱角。冬天時水潭的水位下降，此時水潭仍有些許的積水，農民利用此時栽植第一期水稻，到來年清明節前夕收割（圖 2-1-5）。[29]

新曆月		1	2	3	4	5	6	7	8	9	10	11	12
作物組成	第一年	水稻			菱角							水稻	
	第二年	水稻			菱角							水稻	

圖 2-1-5 拷潭庄水稻栽植的年中行事曆

因為田園所處的地勢比窟仔高些，無法直接引水灌溉，所以當地農民會在水潭邊架設水車，俗稱「龍骨車」，以雙腳踩踏水車的方式，將地勢較低的水源引至地勢高的田園，進行灌溉作業（圖 2-1-6）。

圖 2-1-6 農民合力踩踏龍骨車引水灌溉田園
直接引自：森周六，《農業用揚水機》（東京：西ケ原刊行會，1935），頁 14。

---

28 陳國川編纂，許淑娟等撰述，《臺灣地名辭書　卷五　高雄縣　第二冊（下）》，頁 531。

29 田野調查（2013 年 4 月 3 日）：於上寮里大隆宮廟埕訪問簡先生（91）所得。

（二）旱田

　　大寮平原除了在西北部受到曹公舊圳灌溉的中庄、前庄和後庄等地，以及依賴水潭灌溉的拷潭庄，水田化程度較高，以種植水稻為主的農地經營型態外，其餘為旱田和荒地的型態。一般而言，荒地多為洪患地，主要在下淡水溪沿岸和赤崁庄。夏天雨季時下淡水溪溪水暴漲，洪水容易漫過此地，若農民在此地栽植作物，有田園流失的風險存在。旱田可以栽植耐旱的作物，如甘藷和短期的雜作等，灌溉水源僅能依賴夏天雨季時的降水，即農地的灌溉水源來自「看天落雨」。[30]

　　因為明治 36 年（1903）新興製糖會社進駐本地發展新式製糖業，大寮平原為工場的原料採取區域，所以可分成「民有旱田」和「新興製糖會社原料採取區」兩種。

1. 民有旱田

　　平原上的旱田，一般都位在地勢較高，不易淹水之處。根據堡圖所示，主要集中在地勢較高的大寮平原北邊，即在磚仔磘庄和翁公園庄境內的高處。因為缺水利設施提供穩定的灌溉水源，所以必須依賴每年夏天雨季的降水，做為農地的灌溉水來源。

　　據此，大寮平原的氣候屬於夏雨冬乾，降水集中在夏季，呈現降雨分配不均的狀態，所以在缺乏完善的水利設施的環境下，農民僅能把握 5、6 月的雨季。在降雨過後，趕緊種植作物，利用降水做為灌溉作物的水源。

　　在稻作栽植方面，因應本地的農地經營環境，農民選擇可栽種於旱地，需水量不到水稻的五分之一，僅靠雨季降水就可生長的陸稻品

30　田野調查（2012 年 7 月至 2013 年 4 月）期間訪問農民所得。「看天落雨」即田園灌溉水源的有無，要看天公伯是否會如期降雨，帶來雨水，可以讓田園獲得灌溉水源，提供作物生長。

種。農民可直接撒種到田園的方式來種植，僅依賴雨季的降水作為稻作的灌溉水源。本地所栽植陸稻品種以「尖仔」為主。[31]

關於「尖仔」的描述，清代的地方志即有記載，《鳳山縣志》對於「尖仔」的描述為：

> 尖仔：以純白者為佳，諸稻之極美者。種於五、六月，成於九、十月。田中種之。[32]

而在《重修鳳山縣志》中提及，「尖仔」是「占稻」俗稱，對於該作物的型態有較詳盡的敘述：

> 占稻（俗名尖仔。皮厚而堅，可以久貯。有赤、白二種。粒小早熟，成於九、十月。諸稻中種之美者）[33]

從清代的方志可以得知，「尖仔」的正式名稱為「占稻」，而「尖仔」為俗名。該作物種植於每年5、6月的雨季，農民利用雨水做為灌溉水源，於此時把握機會趕緊栽植，約在9、10月即可收穫，屬於早熟的稻作（圖2-1-7）。

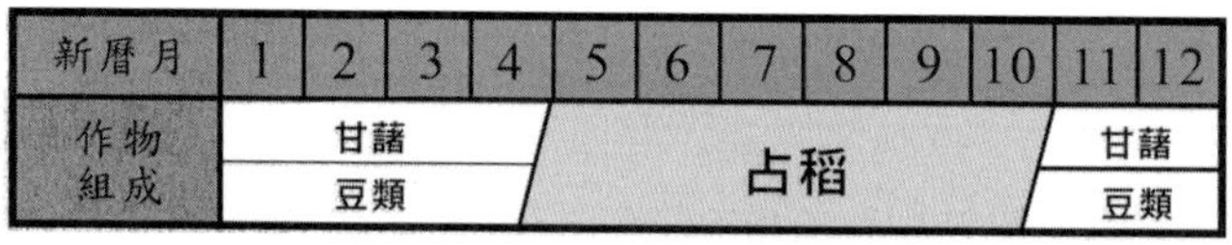

新曆月	1	2	3	4	5	6	7	8	9	10	11	12
作物組成	甘藷				占稻						甘藷	
	豆類										豆類	

圖 2-1-7　占稻（尖仔）栽植的年中行事曆

31　田野調查（2013 年 3 月 24 日）於三隆里三隆路的某民宅騎樓下，訪問 77 歲的先生所得。

32　陳文達，《鳳山縣志（第二冊）》臺灣文獻叢刊第一二四種（臺北：臺灣銀行經濟研究室，1961），頁 91。

33　王瑛曾，《重修鳳山縣志（第二冊）》臺灣文獻叢刊第一四六種（臺北：臺灣銀行經濟研究室，1962），頁 281。

在田園的灌溉方式上，灌溉水源除了來自每年夏天雨季的雨水為主，還有少數的農民會在田園邊，自行開鑿約 1 丈（約 3 公尺）深的水井，以「吊猗」[34] 的方式取地下水（圖 2-1-8），再以勺子舀水直接澆灌作物植株，或是以水桶取水後，將水直接倒在田埂間，以漫田的方式來灌溉田園。[35]

2. 新興製糖會社原料採取區

日治以前，大寮平原的赤崁庄潮州蓁附近一帶，因為土壤含砂量較高，排水良好，所以適合栽植甘蔗，有 200 餘處的舊式糖廍。[36]

圖 2-1-8　吊猗──鑿井取地下水灌溉

直接引自：森周六，《農業用揚水機》，頁 5。

到了日治明治 36 年（1903），新興製糖會社設址於山仔頂，以新式製糖的方式來生產蔗糖，並根據「原料採取區域規則」，大寮平原屬於新興製糖會社的原料採取區域（表 2-1-4），[37] 因此若是農民在田園種植甘蔗，當甘蔗收成後，農民必須賣給新興製糖會社做為壓榨蔗糖的原料。換言之，藉由原料採取區域的規定，可以保障工場穩定地取得原料，但甘蔗的收購價格是掌握在工場。平原上種植的甘蔗，有

34　「猗」發音為「ㄊ ∕ 」。根據田野調查的訪問所得，以臺語發音為「吊猗仔」。

35　田野調查（2012 年 7 月）：於上寮里大隆宮廟埕前訪問簡先生（90）所得。

36　〈下淡水溪護岸工事　舊浸水地安全　利澤加於生民〉，《臺灣日日新報》（1918 年 8 月 20 日），第 5 版。

37　〈鳳山廳下開墾地出願〉，《臺灣日日新報》（1907 年 10 月 11 日），第 2 版。

「紅甘蔗」和「白甘蔗」兩個品種。「紅甘蔗」為一般食用的甘蔗，又稱為「圓仔甘蔗」，[38] 而「白甘蔗」為生產蔗糖的品種。

表 2-1-4　新興製糖會社原料採取區域範圍

製糖場位置	原料採取區域	起業者
鳳山廳大竹里籬仔內庄	赤山里一圓；小竹上里九曲堂庄、**磚仔礐庄**、**翁公園庄**、**山仔頂庄**各一圓；小竹下里**大寮庄**、**拷潭庄**、**赤崁庄**、潭頭庄各一圓；大竹里竹仔腳庄一圓。	新興製糖株式會社
鳳山廳小竹下里大寮庄芎蕉腳	小竹下里王公廟庄、林仔邊庄、港仔埔庄、汕尾庄、中芸庄。	

整理自：《府報》第 1853 號（1905 年 10 月 25 日），臺北：臺灣總督府。《府報》第 2316 號（1907 年 11 月 16 日），臺北：臺灣總督府。
說明：
1. 表中的庄名以粗體顯著者，為本研究範圍內的街庄。
2. 資訊由臨時臺灣糖務局整理公布。

　　另一方面，明治 40 年（1907）陳文遠透過「糖業獎勵規則」，取得在下淡水溪沿岸一帶，其範圍北從小竹上里的磚仔礐庄、翁公園庄，南至小竹下里的大寮庄和赤崁庄，總共約一千零七十八餘甲的官有土地（附錄 5），並訂定為期 7 年和預算三十萬餘圓的土地開發計畫，將大寮平原沿岸容易淹水的荒地，開墾為可以大規模種植甘蔗的農場。[39]

　　因為農場位於鄰近下淡水溪沿岸一帶的荒地，雨季時容易遭遇洪患，並且缺乏水利灌溉設施，所以不利於發展農業。因此在沿岸必須

38　田野調查（2012 年 7 月）：於上寮里大隆宮廟埕前訪問簡先生（90）所得。
39　〈鳳山廳下開墾地出願〉，《臺灣日日新報》（1907 年 10 月 11 日），第 2 版。

施行護岸工事，[40] 並在農場境內施作灌溉排水設施，其埤圳由陳文遠獨立經營，[41] 和安裝米國製揚水機械（每小時抽水量 30 萬加侖）。[42]

除此之外，農場經營和其境內埤圳設施的維護，皆由陳文遠獨立投資和經營管理，是個人經營的私營農場。在農場的經營期間，曾面臨資金缺乏和經營上的困難等因素，因此臺灣製糖株式會社曾經想收購陳文遠經營的農場。[43] 再者，農場除了施行大規模地栽植甘蔗，並種植甘藷和什子等作物，收成頗佳。但在明治 44 年（1911）6 月期間，梅雨季帶來的風雨，造成農場損失約兩、三萬圓，田園被洪水沖毀近三十餘甲，其中有五百至六百甲的田園，被漫流的溪水洗去表層砂土，而且農場境內的水牛也被洪水沖走二十餘頭。但是陳文遠不為此氣餒，仍繼續整理和開墾。[44]

---

40 〈大開墾地の認可〉，《臺灣日日新報》（1907 年 11 月 10 日），第 2 版。

41 〈陳文遠埤工事〉，《臺灣日日新報》（1910 年 1 月 7 日），第 2 版。另詳見：〈築埤工程〉，《臺灣日日新報》（1910 年 1 月 8 日），漢文第 3 版，該報導提及：「臺南廳下鳳山支廳管內。苓雅蔡庄陳文遠。昨年六月中。稟請在小竹里大蔡庄。開鑿一埤。足以灌溉甘蔗園一千八十甲。經蒙許准。已著手工事。現正著著進步。該埤工費。豫約三萬圓。計劃四箇年。豫定四十五年一月竣工。其工事以築造堰堤為一。次即灌溉溝及橋梁二十四所。並布置土管。掘鑿排水溝。暨水梘七箇等。各款之費。至少須一千圓。多則六千圓。蓋因該埤水路。凡經民有地者。須為買收。故有如此巨額。又該埤為陳文遠獨力經營。故名曰陳文遠埤云。」

42 米國製揚水機械，即美國製的抽水機。引自：明治 40 年（1907），〈陳文遠官有地無償貸付許可〉，《臺灣總督府公文類纂》，第 10963 冊，第 12 號，永久保存，頁 10。

43 〈中部の砂糖界〉，《臺灣日日新報》（1910 年 11 月 21 日），第 2 版。

44 〈南部近信（五日發）　力於墾荒〉，《臺灣日日新報》（明治 44 年 12 月 9 日），第 5 版。

　　雖然陳文遠挾著相當資本，積極地拓墾下淡水溪沿岸一帶的荒地，使之成為可以大規模種植甘蔗的農場，雖然透過施作護岸工事和興築埤圳設施，但仍然不敵原先自然環境的條件，因此農場經營的成果有限，而一千餘甲的農場土地，也吸引鄰近的製糖會社想積極地取得，做為會社的自營農場。

第二節　下淡水溪築堤後的農作型態

　　每年當進入 5、6 月的梅雨季，以及 7、8 月的颱風季時，當降下豪大雨時，下淡水溪容易溪水暴漲。當溪水流經大寮平原時，因處下游地區，此處河床淺緩，所以若過多的溪水宣洩不及時，容易淹過河岸，並漫過整個平原，導致平原淹水，溪水漫流平原。因此位居地勢較低的田園和聚落，容易被溪水淹沒或沖毀，造成滅村和田園流失的天災發生。洪水的侵擾，長年讓平原上的居民和農民在每年雨季來臨時，得飽受生命和財產的威脅。[45]

　　因此大寮平原的農業發展，長年在自然環境的限制下，發展的程度有限。直到明治 36 年（1903）新興製糖會社進駐本地後，以及大正 10 年（1921）平原沿岸的堤防完工後，終免於雨季時洪水的侵犯，平原上的農業才獲得穩定的發展。

一、下淡水溪護岸工事的實施背景

　　自然環境的不穩定，導致該環境下的人文活動，受到自然環境的限制與影響，發展有限。位於下淡水溪下游右岸的大寮平原，即是一

45　詳見：〈村落滅亡〉，《臺灣日日新報》（1917 年 9 月 7 日），第 6 版。〈地積の流失　下淡水溪岸に於ける〉，《臺灣日日新報》（1917 年 9 月 13 日），第 3 版。

例。長年以來，夏雨冬乾的氣候，明顯呈現降雨分配不均狀態，加上缺乏水利設施的灌溉，農民僅能依賴雨水灌溉，因此農業發展不興。雨季來臨時，降水量過多，溪水容易暴漲，若河水一時宣洩不及，勢必漫過平原沿岸，流往地勢較低的地方，造成位於地勢較低的大寮庄和赤崁庄每逢豪大雨時，就可能會發生水災。

日治初期，剛接手治理臺灣的臺灣總督府，為有效治理和掌握及運用臺灣的資源，於是設立臨時臺灣土地調查局，著手調查和整理臺灣的土地資源，進行土地調查事業，最具體的成果即是明治 37 年（1904）出版的《二萬分之一臺灣堡圖》。據此，總督府對臺灣的自然地理環境與土地利用情形已經清楚地掌握。土地調查事業進行的同時，總督府也著手進行全臺的河川調查，研究河川的狀態及特徵等，以及每年對洪水被害應急河川工程的實施，並利用縱貫鐵路在臺灣西部各地的橋梁，觀察橋梁在洪水時的被害狀況，做為治理河川時的參考依據。[46]

再者，臺灣氣候溫暖，物產豐饒，可以補給原本國土狹隘和農業資源缺乏的日本內地。又因為臺灣的氣候條件，最適合種植稻米和甘蔗，所以在農作生產上，特別重視稻米和甘蔗，並以此為中心來發展。[47] 因此為了達成米糖增產之目的，除了進行品種改良和使用化學肥料外，並且改善從河川引水之水圳的灌溉及取水設施實為重要。[48]

要言之，總督府期望實施一系列河川治理的工程，改善常遭逢洪

46 吳田泉，《臺灣農業史》（臺北：自立晚報，1993），頁 301。

47 東嘉生著，周憲文譯，《臺灣經濟史概說》（臺北：海峽學術，2007），頁 94。

48 謝佳純，〈屏東中北部平原河川浮覆地的土地利用與變遷（1927-2006）〉（高雄：國立高雄師範大學地理學系碩士論文，2006），頁 15。

水侵襲的浮覆地和洪患地，穩定環境，提升邊際土地的利用程度，並配合灌溉排水工程的建設，增加農業生產的面積，進而達到米糖增產的目標。

二、下淡水溪護岸工事的實施過程

　　大寮平原位於下淡水溪下游右岸，因為平原是由北向南漸緩，至大嵙庄與赤崁庄時，已屬地勢較低的地方，而且在潮州藔聚落的西邊，有一條下淡水溪的小支流經過。每當豪大雨時下淡水溪暴漲，溪水除了漫過平原沿岸，也會流經小支流，過多的溪水也會讓小支流的水量增加，溪水挾帶砂石，漫過兩岸，造成支流兩岸附近田園流失，[49]而靠近下淡水溪的潮州藔，過去也有洪水滅村的情事發生，[50]導致居民流離失所，財產損失（表 2-2-1），生命財產不甚安全。促使當地居民再三地向政府當局陳情，期望盡快實施工事。

表 2-2-1　日治初期大寮平原的水災損失

年代	損失金額（圓）
明治 44 年（1911）	80,000
大正元年（1912）	130,000
大正 2 年（1913）	95,000
大正 3 年（1914）	90,000
大正 4 年（1915）	100,000
合計	495,000

整理自：〈下淡水溪護岸工事　舊浸水地安全　利澤加於生民〉，《臺灣日日新報》（1918 年 8 月 20 日），第 5 版。

---

49 〈地積の流失　下淡水溪岸に於ける〉，《臺灣日日新報》（1917 年 9 月 13 日），第 3 版。

50 〈村落滅亡〉，《臺灣日日新報》（1917 年 9 月 7 日），第 6 版。

　　大正 6 年（1917），赤崁庄潮州寮居民向政府單位再三陳情後，隨即隔年大正 7 年（1918），在臺南廳的監督下，[51] 由臺南廳工事部技手——松本好，[52] 兼任鳳山支廳技手與堤防工事主任。同年 4 月 3 日，森田技師和松本技手前往場勘設計。[53] 其堤防的範圍從翁公園庄，經大寮庄至赤崁庄，[54] 長度從原本最初的 390 間（709.02 公尺）延長至 1,490 間（2,708.82 公尺），[55] 高度 15 尺（4.5 公尺），[56] 堤防地基 90 尺（27 公尺）。堤防結構以土為主，並在堤防頂上敷以黏土，而靠近下淡水溪的傾斜面，即向溪流與溪床處，各繞 20 尺（6 公尺）的鋼筋，以煉瓦包覆，總共需要 220 萬塊煉瓦，[57] 總工程費用 20 萬圓。[58]

51　大正 9 年（1920）行政區改制前，小竹上里和小竹下里屬於臺南廳鳳山支廳管轄。

52　松本好任職於臺南廳工事部，擔任技手一職。詳見：柴辻誠太郎，《臺灣總督府文官職員錄》（臺北：株式會社臺灣日日新報社，1918），頁 297。河野道忠，《臺灣總督府職員錄》（臺北：株式會社臺灣日日新報社，1919），頁 330。河野道忠，《臺灣總督府職員錄》（臺北：株式會社臺灣日日新報社，1920），頁 339。

53　森田技師為森田松三郎，大正 7 年（1918）至大正 9 年（1920）8 月止，任職於臺南廳庶務科。詳見：柴辻誠太郎，《臺灣總督府文官職員錄》，頁 296。河野道忠，《臺灣總督府職員錄》，頁 329。河野道忠，《臺灣總督府職員錄》，頁 339。

54　〈下淡水溪籌築堤防〉，《臺灣日日新報》（1918 年 4 月 5 日），第 5 版。

55　1 間 = 1.818 公尺。

56　1 尺 = 0.3 公尺。

57　即「紅磚塊」，日語稱為「煉瓦」。

58　〈下淡水溪護岸工事　舊浸水地安全　利澤加於生民〉，《臺灣日日新報》（1918 年 8 月 20 日），第 5 版。

最後在大正 10 年（1921）2 月護岸工事竣工，工事費合計有 389,840 圓，堤防延長至 4,265 間（7,753.77 公尺），堤防的平均高度 9 尺 5 吋（2.827 公尺）。[59] 堤防竣工後（表 2-2-2），大寮平原從此免於水患之苦，平原環境終於穩定，農業也得以發展（圖 2-2-1）。[60]

表 2-2-2　下淡水溪沿岸的堤防──大寮平原部分

名稱	種類	位置
磚仔磘堤防	土堤	從高雄州大寮庄磚子磘畑 358-5 番地，至同庄磚子磘田 55 番地。
大寮堤防	土堤	從高雄州大寮庄赤崁字潮州寮墓 156 番地，至同庄磚子磘畑 244 番地。

整理自：《府報》第 1025 號（1930 年 12 月 9 日），臺北：臺灣總督府。

說明：大正 9 年（1920）行政區改制，原本臺南廳鳳山支廳的小竹上里山仔頂、磚仔磘、翁公園 3 庄，與小竹下里拷潭、大藔、赤崁 3 庄，合併為「高雄州鳳山郡大寮庄」。

59　〈護岸工事落成式〉，《臺灣日日新報》（1921 年 7 月 8 日），第 6 版。1 吋 = 0.0254 公尺。

60　大正 10 年（1921）下淡水溪護岸工事完工後，接著於昭和 2 年（1927）起進行規模更大的「下淡水溪治水工事」。該工事起於大正 5 年（1916）完成下淡水溪河川調查後，翌年大正 6 年（1917），在扣除人事薪俸及事務費用後，合計編列 719 萬圓工事費，作為 10 年期的下淡水溪治水事業費用，但因為當時政府的財政問題，所以預算未通過。大正 12 至 13 年（1923-1924）間，臺灣本島農家經濟好轉，依序完成調查和工程，並擴大計畫內容，完成各種調查，最後在昭和 2 年（1927）確立治水事業計畫，並得到國會的支持。昭和 13 年（1938）6 月完成長達 12 年，耗資達 1,713 萬圓的治水事業。

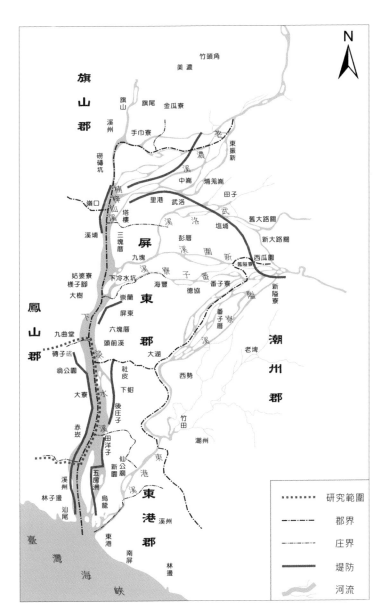

圖 2-2-1　下淡水溪治水工事竣功圖中大寮平原沿岸的堤防

重繪自：臺灣總督府內務局，〈下淡水溪治水工事竣功圖〉，收於《下淡水溪治水事業概要》（1938）。

三、築堤後的農地經營

　　大正 7 年（1918）政府派員場勘地形，計畫開始建造大寮平原的堤防，在堤防興築工事期間，大正 9 年（1920）行政區調整，將臺南廳鳳山支廳的小竹上里山仔頂庄、磚仔磘、翁公園庄，以及小竹下里拷潭庄、大藔庄、赤崁庄，調整與合併為「高雄州鳳山郡大寮庄」。「大寮庄」即現今「大寮區」的行政區範圍。堤防最後於大正 10 年（1921）2 月完工，平原從此免於夏季的水患，農業環境得以穩定地發展。

　　即使大寮平原沿岸有堤防的保護，免除夏季的洪患侵襲，但平原仍缺乏水利設施，農業的發展仍然受限。因此大寮庄境內，除了拷潭得水潭灌溉，可以栽植一期的水稻，平原上的農地仍然得依賴雨季的降水來灌溉，僅能種植一期的「占稻」，或是甘藷等其他雜作（圖 2-2-2）。大寮庄的農業發展依然受到自然環境的限制。換言之，農民是必須遷就環境，農地經營上處於被動的狀態，僅能選擇需水不多和耐旱的作物為主。

　　大正 13 年（1924），高雄州農會為了解決大寮庄缺乏水源灌溉的困境，從日本內地購買小區域灌溉用唧筒，[61] 安裝在大寮庄，以唧筒抽地下水的方式，補助大寮庄田園的灌溉水源，因灌溉的效果良好，促使鄰近與其他各郡的農民，希望農會也可以購買安裝。[62] 雖然農會以唧筒抽水的方式，對大寮庄進行補助灌溉，但本地仍然還是以雨季的降水做為灌溉水的主要來源。因此在農地經營上，仍受降水的影響，限制其發展。從大正 15 年（1926）的報導可知，雨季的降水多寡，對於大寮平原的農地經營程度是關鍵性的因素：

> 鳳山地方。前頃發生低氣壓時。有多少降雨。潤澤一般農作物。然該郡翁公園庄。磚子磘庄。大寮方面等。千餘甲水稻。為雨量不足。灌溉水缺乏。以致不能播植晚穀。一般秧

---

61 「唧筒」，英語為 Pump，即中文的「幫浦」。

62 〈灌溉唧筒好成績〉，《臺灣日日新報》（1924 年 2 月 27 日），第 5 版。

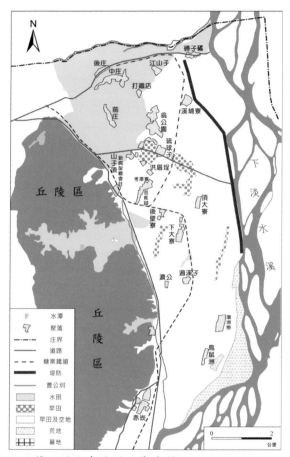

圖 2-2-2　下淡水溪築堤後大寮平原的農地利用

資料來源：大日本帝國陸地測量部、臺灣總督府民政部警察本署，《五萬分之
一臺灣地形圖》（1938）。

說明：

1. 測圖時，大寮平原沿岸的堤防甫完成，待下淡水溪治水工事將堤防向南延
   伸到林園庄方面。

2. 本圖的原圖幅包含〈屏東〉和〈高雄〉。其中〈高雄〉為昭和 3 年（1928）測
   圖，昭和 5 年（1930）9 月 25 日發行，而〈屏東〉未列製圖時間，詳情參照：
   大日本帝國陸地測量部、臺灣總督府民政部警察本署編著，上河文化股份
   有限公司原圖復刻新解，〈本圖冊原版地圖資料一覽表〉，《日治時期五萬分
   之一臺灣地形圖新解》（臺北：上河文化，2007）。

苗徒見伸長。若此後再經十日。則失播植期。自然影響及收
穫。目下農會。正仰天而望雲霓也。[63]

由於磚子礐庄、翁公園庄和大寮方面一帶的田園，主要是依賴
雨水的灌溉，所以農民都是利用下雨後，即刻把握時機，將剛受雨水
潤澤的田園，趕緊栽植稻作。報導的時間正值 7 月下旬，適逢 7、8
月的颱風季，此時 5、6 月的梅雨季已經結束，所以盛夏時期的灌溉
水，必須依賴颱風所帶來的雨水。若梅雨的降水不足，颱風又遲遲不
來，可能會有乾旱的情形發生。

昭和 3 年（1928），學者奧田彧、島田滿男等對臺灣非山地地區
的農業經營地帶進行研究，根據水田比率、雙期田比率及主要作物種
類，歸納出「山地型」、「田地型」、「畑地型」三種農業的經營類型。
因為大寮庄境內屬於新興製糖原料採取區的範圍，所以甘蔗是主要作
物。有水灌溉的地方，舉凡拷潭和屬於曹公圳灌溉區的前庄、中庄、
後庄，與依賴雨水灌溉的田園，則種稻。最後則是種植於旱田和取
水不易，或是適合生長在土壤地質含砂量高的甘藷。因此大寮庄屬於
「畑地型」的農業經營型態（表 2-2-3）。

表 2-2-3　昭和 3 年（1928）大寮庄的作物組合與田園類型

年代	行政區名	主要作物（面積（丹）、百分比）			類型
		蔗	稻	甘藷	
昭和 3 年（1928）	大寮庄	458,424 42.00 %	317,096 29.05 %	198,979 18.23 %	畑地型

直接引自：陳文尚編撰，黃致誠撰稿，〈農業篇〉，《高雄縣產業》（高雄：高雄
縣政府，1997），頁 23。

原始資料出自：奧田彧、島田滿男，《臺灣農業經營地帶の研究》臺北帝國大
學農業經濟學教室研究資料第六號（臺北：臺北帝國大學理農學部，1932）。

---

63 〈鳳山亢旱　晚米難播〉，《臺灣日日新報》（1926 年 7 月 22 日），第 2 版。

第三節　小結

大寮平原在日治大正 10 年（1921）築堤前，因為平原地勢由北向南緩降，所以當雨季時，沿岸與平原南部容易因洪患而淹水，造成整體的耕作環境不甚穩定。平原北邊的磚仔磘和翁公園附近以旱田為主，而下淡水溪沿岸與南邊的赤崁庄，因為容易淹水，不利於農耕，所以是荒地型態。

下淡水溪沿岸築堤後，確實穩定平原的耕作環境，但缺乏水利灌溉設施，所以多為依賴雨季降水。明治 36 年（1903）新興製糖會社設址於山仔頂，位於丘陵以東和下淡水溪右岸間一帶平原皆為工場的原料採取區範圍。

因為平原缺乏水利灌溉設施，所以工場會自行鑿井供應農場使用；一般的民有地，少數農民會自行開鑿約一丈深的水井，取水澆灌；拷潭的農民會以踩踏水車引潭水至地勢較高的田園來灌溉，於 11 月栽植一期稻作，至來年清明節前夕收割，是臺灣南部最早收穫的一期稻。

平原大部分是依賴雨季降水，僅能在 5、6 月雨季過後，種植一期陸稻，其他還有種植甘薯和雜作等。奧田彧等學者，根據水田率、雙期田率及主要作物種類，歸納出大寮庄的農業經營類型上屬於「畑地型」，庄內以甘蔗為主要作物，其次是稻和甘藷。

第三章 大寮圳通水後農地經營的改變（1933-1945）

　　大正 10 年（1921），大寮平原沿岸的下淡水溪護岸工事完工後，[1]平原有堤防的保護，終於免於洪患，農業得以穩定發展。但受到夏雨冬乾及降水季節分配不均的氣候型態影響，並且缺乏水利設施，因此大寮平原的農地經營程度，深受灌溉水源取得的穩定與否，呈現不同的農地經營型態。

　　堤防完工後，政府對於仍缺乏水利設施的大寮平原，積極地透過水利設施的投入，興築灌溉大寮平原的大寮圳，讓原本以旱田為主的平原，得圳水灌溉而促使土地水田化，可以種植水稻等需水較多的作物，即政府開發邊際土地成為可耕作的環境，進而達成農作增產的目標。因此大寮圳竣工通水後，大寮平原從原本灌溉水源不穩定的農作環境，轉變成具有穩定灌溉水源的農作環境，對於平原上的農地經營型態和灌溉用水的使用，有什麼樣的轉變？

第一節　大寮圳的興建背景與過程

　　日治時期政府藉由各項調查，逐步掌握各項資源，以提供殖民母國運用。總督府為了發展臺灣農業，提升農產，並確實執行「米糖政策」，除了透過土地調查事業的進行，掌握土地資源，還有藉由埤圳調查的工作，積極地掌握，藉由法令規範，透過官方的介入，實際掌握農田水利事業。因此在原本在清代屬於私有經營模式的水利事業，正式地納入官方經營體系。[2]

1　〈護岸工事落成式〉，《臺灣日日新報》（1921 年 7 月 8 日），第 6 版。
2　黃雯娟，《宜蘭縣水利發展史》（宜蘭：宜蘭縣政府，1998），頁 110。

　　本節由《臺灣日日新報》對於大寮圳興築的背景，和工事進行過程的相關報導，以釐清大寮圳興築的背景，至工程的進行過程到完工的始末，建構大寮圳興建過程的歷史。

一、大寮圳的興築背景

　　臺灣的水利事業，最早源於荷治時期。[3] 清領時期臺灣各地陸續地藉由水利設施的興築來拓墾土地，同時配合臺灣的熱帶氣候，農作物以栽植稻米和甘蔗為主。在臺灣南部的水利事業經營上，以「曹公圳」最為重要。清道光年間，由鳳山知縣曹謹號召，帶領地方仕紳和業戶，集資合力興築的曹公舊圳、曹公新圳，讓鳳山平原從原先必須「看天落雨」農地經營型態，在得水圳提供穩定的灌溉水源後，可行兩期稻作，促使平原的農產增加，但唯獨大寮平原除了位居西北邊的中庄、前庄和後庄等地得舊圳灌溉外，其餘地方幾乎缺乏完善的水利設施灌溉。

　　位於下淡水溪下游右岸的大寮平原，每當夏季的豪大雨時，下淡水溪容易溪水暴漲，溪水必漫過平原沿岸和地勢較低的地方，造成平原上田園流失和影響聚落生命財產安全。日治時期以前，僅倚靠農民的技術和財力，獨立完成灌溉排水工程，是不容易的。[4] 首要之務是必須要有相當的工程技術，才能足以克服時常在雨季飽受洪水氾濫的平原。

　　日治初期，在「工業日本，農業臺灣」的殖民政策方針下，政府積極地發展臺灣的農業，做為供應日本本土的資源補給基地。總督府透過土地調查事業的進行，實施治水事業和灌溉排水工程，積極地改

3　吳田泉，《臺灣農業史》（臺北：自立晚報，1993），頁 299。

4　東嘉生著，周憲文譯，《臺灣經濟史概說》，頁 95。

善邊際土地的環境，成為可耕作的土地，以達成農業增產的目標。

　　透過土地調查事業的實施，政府確實地掌握土地資源。為有效的開發土地資源以發展農業，對於「水」的掌握是必須的。因此總督府除了掌握土地資源，並且透過訂定一系列的農田水利法令規則（表3-1-1），逐步地掌握水利事業的經營，企圖以「水」的支配，控制農業的經營與發展。

表 3-1-1　日治時期臺灣農田水利組織的發展

年代	時期	實施內容
明治 28 年（1895） — 明治 33 年（1900）	舊規時期	因為日人剛接手治理臺灣，農田水利事業的經營模式，仍承襲清代的慣習。
明治 34 年（1901） — 明治 40 年（1907）	公共埤圳時期	明治 34 年 7 月 4 日，臺灣總督府以律令第 6 號發布「臺灣公共埤圳規則」，排除以往埤圳屬於私有產業的認定，明文規定：凡與公共有利害關係之水路、溜池及附屬物均認定為公共埤圳。指定為公共埤圳者，應確實記載埤圳的所有資料。
明治 41 年（1908） — 大正 9 年（1920）	官設埤圳時期	1. 明治 41 年，訂定「官設埤圳規則」，將大規模的水利工程且為地方人民不甚負擔者，皆認定為「官設埤圳」。 2. 明治 43 年，再頒布「官設埤圳水利組合規則」，由總督府在每一官設埤圳區域內設置水利組合。
大正 10 年（1921） — 昭和 20 年（1945）	水利組合時期	大正 10 年政府為有效掌控臺灣農村經濟，希望更直接地監管水利事業以達到米穀增產的目的，乃進一步頒布「臺灣水利組合令」。依照法令，將原先的公共埤圳組合，改組為「水利組合」。

整理自：黃雯娟，《宜蘭縣水利發展史》（宜蘭：宜蘭縣政府，1998），頁 110-118。

　　日治初期政府實施埤圳調查，因為曹公圳灌溉臺灣南部的鳳山平原，對於地方的農業發展，深具貢獻，具有公共利益上的影響力，所以被指定為公共埤圳，並設置公共埤圳組合。直到大正 10 年（1921），總督府頒布「臺灣水利組合令」，由原本的「公共埤圳曹公圳組合」遂改組為「曹公水利組合」，管理的範圍大致為，從清道光年間竣工通水的「曹公舊圳」和「曹公新圳」灌溉範圍。

　　因為曹公新圳灌溉範圍，部分屬於臺灣製糖株式會社的蔗作區，同時也為了提升灌溉區田園的灌溉效率，所以日人積極地修繕曹公圳，來維持水圳的運作，[5] 提升灌溉效率。但曹公圳斷水是在每年 1 月和 2 月，此時適逢乾季，下淡水溪溪水減少，水位下降，此時水圳導引的溪水是要灌溉第一期作物，而第二期作物是以雨季降水來灌溉，所以圳水僅能灌溉地勢較低的地區。[6] 因此臺灣製糖會社遂於大正 6 年（1917）計劃在曹公舊圳於九曲堂的取水口安裝抽水機，[7] 以提升工場蔗作區的灌溉水量。大正 8 年（1919）臺灣製糖會社於曹公舊圳取水口安裝兩架電動抽水機，並且臺灣水利會社於曹公新圳取水口安裝兩架瓦斯發動的抽水機。[8]

　　另一方面，清道光年間修築的曹公圳，在九曲堂以築堰堤攔截溪水的方式，引下淡水溪溪水灌溉平原。但在每年雨季的時候，若是溪水暴漲，除了造成平原沿岸和地勢較低處淹水，位於九曲堂的曹公

5　詳見：〈南部埤圳改修工事に就て〉，《臺灣日日新報》（1902 年 8 月 5日），第 2 版；〈曹公圳修理完善〉，《臺灣日日新報》（1905 年 10 月 4日），第 4 版。

6　臺灣銀行金融研究室編印，惜遺著，〈臺灣水利之問題〉，《臺灣水利之問題》臺灣研究叢刊第四種（臺北：臺灣銀行經濟研究室，1950），頁 20。

7　〈臺糖振興水利〉，《臺灣日日新報》（1917 年 9 月 26 日），第 5 版。

8　高雄州，《高雄州水利梗概》（高雄：高雄州，1930），頁 11。

圳取水口的堰堤，容易受到暴漲溪水的侵襲，造成堰堤和取水口的損壞，影響水圳的取水。於是在日治初期，日本人有鑑於此，便著手修繕曹公圳的取水口及堰堤。從大正4年（1915）的報導即可知：

> 臺南廳下各埤圳。以鳳山支廳下曹公圳最大。其灌溉田園面積最廣。惟界在淡水溪之間。每當雨季。其入水口恒被溪流衝潰。目下雨期已過。於淡水溪之引水口。被衝塌之處。乃計劃重加修繕。其工費豫按一萬五百三十九圓。去廿五日於鳳山出張所召集土木工匠。……[9]

根據上述報導，每當雨季，下淡水溪溪水暴漲時，位於溪邊的取水口容易被暴漲的溪水沖毀，所以政府必須在雨季過後，隨即著手修理取水口。

隔年大正5年（1916）9月14日的報導也再次提及：

> 每年降雨期。溪水增加。新舊引水口及貯水溜堤堰多被衝壞。晚季禾稻。雖可不用。而在每年早季則不得不行。然每以八千圓或一萬圓之補修款。全歸之水泡。此蓋習以為常者。……[10]

每年雨季來臨時，溪水容易增加，導致溪水暴漲而多次造成曹公圳取水口的損壞，必須常常修繕，但仍形同付諸流水。倘若不修理，則會影響到每年早作的灌溉。

因此每年的雨季時溪水暴漲，溪水的沖刷容易損壞取水口，影響水圳的取水，於是政府必須常常編列修繕經費，但形同枉然。倘若不修繕，則又會影響來年的早季耕作灌溉。長年以來，雨季時的豪大

9　〈包繕曹圳〉，《臺灣日日新報》（1915年10月2日），第6版。
10　〈曹公圳水口工事〉，《臺灣日日新報》（1916年9月14日），第5版。

雨，導致下淡水溪暴漲，暴漲的溪水除了造成兩岸的平原與低地的氾濫，而曹公圳的取水口，也飽受暴漲溪水的侵襲，時常損壞。後來由高雄州土木課長變更曹公圳原有的取水口設計，[11] 才獲得改善。由大正10年（1921）3月9日的報導得知：

> 灌溉九千甲之下淡水溪曹公埤圳。其堰堤為前此風雨所缺潰。復舊工事。係高雄州土木課長設計者。<u>蓋從來于取入口之附近。築二堰堤。而切為二段。今次之設計。則改二段為一段堰堤之高。要比從前高一尺。蓋舉八十年來曹工埤圳之慣習。而打破之。俾其通水滿足。</u>而一般農民對此設計。竟非常憂慮。且抱不安之念。提出歎願書于鳳山郡役所。當時勢如蜂擁。務迫設計之變更。森田課長則以為身心性命之設計。雖甚騷擾。仍置若罔聞。惟出其自信而斷行之。<u>及近工事完成。其成績大佳。溪水滔滔。流入于圳路。曩憂為水所流者。乃轉而大喜。</u>且依此設計得節減者。工費五千圓。夫役亦約二十日分。<u>是今後之曹公圳。永可依此新設計而蒙其利矣。故其地農民深德之。謂比昔日曹公之功為偉。</u>即干與于此設計之澀谷地方課長。亦稍為吐氣揚眉焉。故兩課長去六日竝為之實地檢分。[12]

曹公圳取水口的設計變更，起初受到農民的反對，但在設計者森田松三郎課長的堅持下，排除眾議，斷然施工。工程竣工後的成效良好，讓取水口的進水量穩定豐沛，取水口不再因雨季暴漲溪水之侵襲，導致損壞，必須常常修繕。因此農民感念森田課長，如同昔年曹

11　設計者是高雄州內務部土木課技師——森田松三郎，同時擔任土木課課長。詳見：河野道忠，《臺灣總督府職員錄》（臺北：株式會社臺灣日日新報社，1921），頁371。

12　〈曹公圳斷行設計〉，《臺灣日日新報》（1921年3月9日），第6版。

謹帶領興建的五里舊圳和五里新圳，讓平原上的田園得水灌溉。

　　要言之，因為大寮平原沿岸有堤防的保護，不再受到雨季時洪水的氾濫，平原環境獲得安定，但仍因為缺乏水利設施，所以境內仍然以栽植甘蔗、甘藷、陸稻及其他雜作。大寮平原的農業發展程度，因灌溉水源不足而發展有限。另一方面，因為曹公圳的取水口經由變更設計後，不再常常受到洪水的侵襲而損壞，讓灌溉區的供水量穩定。據此，曹公圳的進水量仍有多餘，[13] 可以灌溉其他無水的地方，但大寮平原缺乏完善的水利灌溉系統，於是就有曹公圳擴張的計畫，即在大寮平原進行水利灌溉的擴張工程，讓大寮庄得水圳的灌溉。

二、大寮圳的興築過程

　　大正 10 年（1921）下淡水溪護岸工事完成後，大寮平原沿岸免於雨季水患之苦，平原環境得以穩定發展，但是仍然缺乏水利設施的灌溉，所以平原上的農業發展程度有限，僅能栽植甘蔗、甘藷和陸稻等耐旱作物。同年，靠近下淡水溪的曹公圳取水口進行改建工程後，不再受到雨季洪水侵襲而損壞，進水量也穩定豐沛，所以有多餘的水可以灌溉其他無水的地方，但因為大寮平原上尚未有水利設施，可以導引下淡水溪溪水灌溉，所以在大正 14 年（1925）的報導中，輿論提及當時大寮平原的農業發展情形，以及對於大寮圳通水後的顧慮：

　　鳳山郡大寮庄。上自磚子磘。下至赤崁。所有土地兩千餘甲。概為燥瘠之地。雖經農民熱心整理。奈無水利之便。難舉優良之成績殊為遺憾。幸當局有鑑及此。於去年九月曾派員調查。實測設計。聞不久就要起工開鑿新圳。將來成功。前記之土地。定變為膏腴良田。地方產業上。將現一大曙

13　臺灣銀行金融研究室編印，惜遺著，〈臺灣水利之問題〉，頁 37。

<u>光</u>。實為我等農民所當額手稱慶之事也。然而近風聞有某會社。出為暗中飛躍。願負擔工事費二十萬圓。而懇請當局付與某條件之□限。俾灌溉區域內之農民。對會社負有不得不栽培甘蔗之義務。……[14]

根據上述報導，可以了解在大寮圳尚未興築前，大寮平原上的農業發展概況。雖然沿岸有堤防的保護，免於雨季的水患，農民可以安心地耕作，但因苦於無水利設施灌溉，所以從北邊的磚子礲到南邊的赤崁，面積二千餘甲土地仍為乾燥貧瘠之地。

大正 13 年（1924）9 月，政府派員到大寮庄調查地形，實測設計圳路。[15] 當地農民聞訊不久就要興建水圳，無不欣喜贊成。報導中提及的「會社」，應是本地的新興製糖會社。因為傳聞該會社若是願意負擔 20 萬圓的工程費用，則會社順理成章為水利事業的主要投資者，也可能進一步成為水圳的經營者，往後有權力支配水圳的運作與灌溉區的農地利用。因此該興論的作者擔憂的是，大寮庄屬於新興製糖的原料採取區，假使庄內的農民有使用到水圳的水，就理應為會社栽種甘蔗，以提供工場製糖，農民即失去自由種植作物的權利。

大正 15 年（1926）7 月下旬，高雄州的課長和技師、鳳山郡郡守及課長等政府官員，與迫切需要水利設施的 800 名業主，順利簽約並達成協議。確定興建大寮圳，其灌溉面積達二千甲，計畫為前期用田，而水圳興築的工事費用需 30 萬圓，預計來年進行工事計畫。[16]

---

14 〈興論／對於大寮庄水圳開鑿之管見〉，《臺灣日日新報》（1925 年 2 月 28 日），第 4 版。

15 〈灌溉二千甲に及ぶ　曹公圳擴張計畫　調查に三箇月を要す〉，《臺灣日日新報》（1924 年 9 月 12 日），第 1 版。

16 〈大寮水利事業　農民大悅　委長興水組經營〉，《臺灣日日新報》（1926 年 7 月 25 日），第 4 版。

　　昭和 3 年（1928）7 月 29 日的報導提及，[17] 鳳山郡大寮庄的水利工事，所需經費要 37 萬 5 千圓，由曹公水利組合計劃。灌溉區域約二千甲，其中八百甲屬於新興製糖會社的所有地。目前庄內的農地為旱作型態，當水圳完成通水後，即可以栽植一期稻作。

　　但在昭和 6 年（1931）8 月 17 日的報導，[18] 灌溉面積一千七百餘甲的大寮圳，決定交由曹公水利組合負責。工事費需要 55 到 56 萬圓的工事費，即每甲工費 35 圓，由國庫補助 12 萬 5 千圓，並由地主負擔不足的 13 萬 5 千圓。預計昭和 7 年（1932）完成工事。水圳完工後，其灌溉區面積的達一千七百餘甲，其中三分之二成為水田，三分之一為旱園，實行輪番灌溉。整體而言，灌溉區有三分之一是屬於新興製糖會社的範圍，同樣也得水圳灌溉，並讓蔗作區的甘蔗產量增加。

　　再者，大寮庄的平原面積雖約有一千七百餘甲，但近二千甲土地無水利設施的灌溉。倘若水圳通水後，實施輪番灌溉，灌溉區境內有三分之二，即約一千二百餘甲可以成為水田，栽植一期稻作；其餘的三分之一，即約六百餘甲為旱田，另八百甲的新興製糖會社蔗作區產量增加。

　　從最初在昭和 3 年（1928）擬定的 37 萬餘圓工事費用，但到昭和 6 年（1931）卻增加到 50 多萬。從昭和 6 年（1931）間的報導來看（表 3-1-2），水利單位仍討論著工事費用的負擔問題，水圳遲遲尚未興築，並且因為工事費用問題，有異議聲音的出現。

---

17 〈鳳山大寮庄　水利工事　每甲工費〉，《臺灣日日新報》（1928 年 7 月 29 日），第 4 版。

18 〈鳳山大寮籌開埤圳　工費五十餘萬圓　灌溉千七百餘甲〉，《臺灣日日新報》（1931 年 8 月 17 日），第 8 版。

表 3-1-2　大寮灌溉工事費用的相關報導

日期	標題	版次
昭和 6 年 8 月 17 日	鳳山大寮籌開埤圳　工費五十餘萬圓　灌溉千七百餘甲	8
昭和 6 年 10 月 24 日	大寮灌溉擴張工事　投五十三萬七千圓　為昭和六七年繼續事業	4
昭和 6 年 10 月 30 日	鳳山大寮　灌溉工事　多望當局慎思	8
昭和 6 年 12 月 4 日	鳳山大寮灌溉工事　粟賤住民極度悲觀　促當局考慮俟機行之	4

整理自：昭和 6 年（1931），《臺灣日日新報》的相關報導。

　　昭和 6 年（1931）下半年間，對於大寮圳工事一系列的相關報導指出，因為工事費用的問題尚待解決，所以大寮圳遲未動工興建。昭和 6 年（1931）10 月 24 日的報導提及，[19] 大寮庄的灌溉擴張工事，總共需要 53 萬 7 千圓的工事費用，國庫補助 12 萬 5 千圓。另外和工事相關的地主們，需要共同負擔 41 萬 2 千圓，而地主們所負擔金額，擬由向勸業銀行借貸，並於昭和 10 年至 15 年（1935-1940），分 5 年期攤還貸款。

　　根據工事單位的土地經濟調查，灌溉區在通水前，每甲土地的收益 258 圓，工事竣工通水後，可有 396 圓的收益。水圳通水後，土地會增值近 140 圓。只是關係地主希望可以延長償還貸款的時間。最後曹公水利組合根據民間的決議，並向上級單位提出工事計畫許可申請。

　　隨即 10 月 30 日的報導又及：

鳳山郡大寮方面灌溉工事自昭和二年度。第七回評議會。已將該工事。提議在案。欲編入於曹公圳組合。區域係磘子

19　〈大寮灌溉擴張工事　投五十三萬七千圓　為昭和六七年繼續事業〉，《臺灣日日新報》（1931 年 10 月 24 日），第 4 版。

磧。翁公園、大寮、赤崁、山子頂等處不受曹公圳灌溉者。約達二千餘甲。聞該工事費。總計五十三萬七千圓國庫補助金十二萬五千圓餘額四十六萬六千圓。欲向日本勸業銀行借入。作十年間攤還。其攤還金子則欲依特別組合費賦課。俟認可後。著手行工。按至昭和八年三月末日告竣顧時下不景氣深刻。米價慘落。一般農作者。已陷于七顛八倒。倘若該工事進行。一甲每年。要負債三四十圓。故該方面知農作者。對此工事之進行。希望當局再三慎重考慮。以免將來負擔不堪云。[20]

從上述報導的敘述可知，大寮圳從昭和 2 年（1927）即已列為重要的工事議案，並將磚子磧、翁公園、大寮、赤崁、山子頂等不受曹公圳灌溉的地方，編入曹公水利組合的管理範圍。面積約二千甲的土地，也是大寮圳的灌溉範圍。

在工事費用方面，總計需五十三萬餘圓，其中國庫補助十二萬餘圓，其餘向勸業銀行貸款四十六萬餘圓，分作十年期償還。但工事進行期間，適逢經濟不景氣。假使不景氣持續到昭和 8 年（1933）3 月底水圳竣工之時，在這期間米價會慘跌，農村民不聊生，並且每年農民還要額外負擔 1 甲 30 至 40 圓的費用，因此農民希望政府當局能再三考慮大寮圳工事的必要性，倘若一味地進行工程，勢必對當地農民造成嚴重的經濟負擔。

最後，在同年年底 12 月 4 日的報導：

既報高雄州鳳山郡大寮方面灌溉工事問題。按本月初旬。欲著手興工。聞總工事費五十三萬七千圓。政府補助金十二萬五千圓餘四十六萬六千圓。欲先對日本勸業銀行借出。據為

---

20 〈鳳山大寮　灌溉工事　多望當局慎思〉，《臺灣日日新報》（1931 年 10 月 30 日），第 8 版。

十年間支還。該方面總甲數。二千百四十七甲每甲十年之
間。要負債八百餘圓。目下粟價慘落。粟每千斤。二十六七
圓。水田每甲。千七百餘圓。扣除債務以外。每甲惟存一千
餘圓。先是地價高騰時。若有拾甲之業者。財產達參萬餘
圓。今則不過一萬餘圓。<u>何堪再負債務是故此工事。各關係
業佃皆希望尚够俟景氣恢復。始著手興工。則人盡贊成萬一
當局不鑑。不知村民生活。何以設想。目下對此工事問題。
哀聲四起。促當局再一番考慮云</u>。[21]

由上述的報導的敘述可知，原本大寮圳工事預計在昭和 6 年
（1931）12 月初動工興建，但因為適逢經濟不景氣，導致米穀價格下
跌，農村生計困難。大寮圳的工事費用過高，與水圳有關係的業主和
佃戶們，必須額外分攤負擔勸業銀行的工程貸款，[22] 會造成農家的負
擔與壓力，所以與工事相關的業佃們，希望待景氣好轉時，才著手興
築，並希望政府當局能設身處地考慮農家的生計狀況，期盼當局能暫
緩興築水圳。

縱使經濟不景氣，農村生計普遍困難，工事費用的高漲（表 3-1-
3）和隨之而來的輿論爭議與反對興築水圳的民意，但因為大寮庄境內
缺乏完善的水利灌溉設施，而在政府積極地開發邊際土地，讓土地成
為可耕作農地之背景下，政府仍堅持興建。於是政府出面，由國庫補
助十一萬餘圓，另水利組合會員共同分擔償還其餘的四十一餘圓，其
總工事費計五十二萬餘圓（表 3-1-3、表 3-1-4）。昭和 7 年（1932）1

---

21 〈鳳山大寮灌溉工事　粟賤住民極度悲觀　促當局考慮俟機行之〉，《臺灣
日日新報》（1931 年 12 月 4 日），第 4 版。

22 若有使用水圳的水灌溉田園的地主或農民，必須繳交水租給水利組合。換
言之，有繳交水組者，即有使用圳水的權利，當然也屬於水利組合的會
員。又日治時期的水組組合，即定位屬於「公法人」性質的民間團體。據
此，水利組合若向銀行貸款，則水利組合會員們，即有繳交水租的地主和
農民，要共同分攤償還貸款。

月 13 日，在鳳山街曹公祠舉行起工式，[23] 宣布大寮圳工事計畫的灌溉面積有 1,726 甲，工事完工後，欲做為一期作田的利用。[24]

表 3-1-3　大寮圳興築工事費用變化

時間		工事費（圓）	備註
昭和 3 年（1928）7 月 29 日		375,000	-
昭和 6 年（1931）	10 月 24 日	537,000	1. 國庫補助：125,000 圓 2. 關係地主負擔：412,000 圓 （擬向日本勸業銀行借貸，預定昭和 10 年至 15 年間償還。）
	10 月 30 日	537,000	1. 國庫補助：125,000 圓 2. 日本勸業銀行借貸：466,000 圓 （欲向日本勸業銀行借貸，分十年償還。）
	12 月 4 日	537,000	1. 政府補助：125,000 圓 2. 日本勸業銀行借貸：466,000 圓 （欲向日本勸業銀行借貸，分十年償還。）
昭和 7 年（1932）1 月 11 日		520,000	1. 國庫補助：109,250 圓 （本篇報導未提及銀行貸款。）
昭和 7 年（1932）1 月 13 日		521,250	1. 國庫補助：11,9250 圓 2. 關係組合員負擔：41,2000 圓

整理自：昭和 3 年（1928）至昭和 7 年（1932）間，《臺灣日日新報》對於大寮圳工事的相關報導。漁郎，〈大寮方面灌溉擴張工事起工報告式舉行〉，頁 72。
說明：昭和 7 年（1932）1 月 13 日的數據，引自：由曹公水利組合長——堀內林平於昭和 7 年（1932）1 月 13 日於鳳山街曹公祠舉辦的起工式發表〈式辭〉一文，其全文刊載於：漁郎，〈大寮方面灌溉擴張工事起工報告式舉行〉，頁 71-72。

---

23 「曹公祠」，即是今位於高雄市鳳山區曹公路上，曹公國小對面的「曹公廟」。關於起工式的詳細內容可參閱：漁郎，〈大寮方面灌溉擴張工事起工報告式舉行〉，《高雄州時報》，（23）（1932），頁 69-73。
24 〈大寮庄水利　起工式〉，《臺灣日日新報》（1932 年 1 月 11 日），第 8 版。

表 3-1-4　大寮灌溉擴張工事費用細目

項目	金額（圓）
土工及構造物費	275,064.60
用地費	184,029.73
雜工費	17,655.67
事務費	60,600.00
預備費	23,000.00
合計	521,250.00

整理自：曹公水利組合，《大寮方面灌溉擴張工事概要》（1934），頁 7。

　　簡言之，大寮庄境內的平原，北從磚子磘，中部的山子頂、翁公園及大寮，南至赤崁，雖然全境有堤防保護，但仍缺乏水利設施的灌溉。在日人積極地開發邊際土地，透過治水工事和護岸工程，避免水患，以穩定環境，並完成灌溉排水工事讓原本荒蕪土地可以耕作，讓各種農作物的收成增加。[25] 基本上，大寮庄的灌溉工事，是在以水利設施的整備擴張為中心的農業發展環境下進行的；[26] 換言之，為了發展大寮平原上的農業，必須要有相當的技術與資金以建立頗具規模的水利工程。

　　因此，大寮庄境內的水利工程，基本上是以曹公圳為基礎發展的，由曹公水利組合負責興建。因為大寮圳同樣從大樹庄九曲堂曹公圳取水口處，築圳引下淡水溪灌溉大寮庄境內的平原。廣義而言，算

25　東嘉生著，周憲文譯，《臺灣經濟史概說》，頁 95。
26　東嘉生著，周憲文譯，《臺灣經濟史概說》，頁 95。

是曹公圳圳路「擴張」於大寮庄的平原，讓大寮平原也得曹公圳灌溉，所以稱作「曹公水利組合『大寮方面灌溉擴張工事』」（圖 3-1-1）。[27] 狹義上，因為水圳僅灌溉大寮庄的平原區，所以一般以「大寮圳」稱之。一般在《臺灣日日新報》的報導，多稱作「大寮灌溉擴張工事」或「大寮灌溉工事」，以上皆指稱灌溉大寮庄平原的「大寮圳」。

　　從昭和 7 年（1932）1 月底開始進行的「大寮方面灌溉擴張工事」，工事的進度快速，但工事期間曾發生因為圳路開鑿工程影響新興製糖會社的甘蔗產量而引發糾紛。[28] 同年 7 月底的工事進度已達七成，[29] 12 月初則達到八成，現已完成導水幹線、第一用水幹線、第二用水幹線，以及第一至第六號支線，與三條排水幹線，並且有給水路的擴張，取水口水門的改建等。目前所剩的工程尚有小給水路和小排水路的施作和其他設施等，全部工事預計於來年 3 月中旬完工。其中小給水路的施作，因為工事簡單，所以交由灌溉區內的居民一同包辦完成。[30] 工事於昭和 8 年（1933）7 月上旬竣工，灌溉面積近二千甲，其中的三分之二土地為兩期作。[31]

27　曹公水利組合，〈大寮方面灌溉擴張工事〉，《臺灣の水利》，4（2）（1934），頁 79-85。

28　〈鳳山郡下新鑿圳路　請求甘蔗損害賠償　十日評價決定如數與之〉，《臺灣日日新報》（1932 年 6 月 13 日），第 8 版。

29　〈工費五十萬圓　大寮灌溉工事　既に七分通りを完成　小給水路は雨期に著手〉，《臺灣日日新報》（1932 年 7 月 23 日），第 3 版。

30　〈鳳山郡大寮　灌溉工事　已完成八分〉，《臺灣日日新報》（1932 年 12 月 2 日），第 4 版。

31　〈大寮灌溉工事　七月竣工〉，《臺灣日日新報》（1933 年 7 月 27 日），第 4 版。

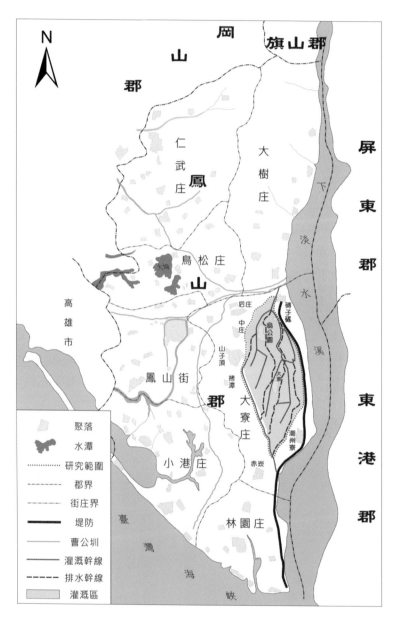

圖 3-1-1　曹公水利組合大寮方面灌溉區域範圍圖

重繪自：曹公水利組合，〈曹公水利組合大寮方面灌溉區域見取圖〉，收於《大寮方面灌溉擴張工事概要》（1934）。

　　為了紀念大寮圳竣工，曹公水利組合在大寮圳和曹公圳取水口交界處，[32] 豎立「大寮圳竣功記念碑」，由高雄州知事野口敏治題字（照片 3-1-1），記念碑背面記載（照片 3-1-2）：

> 昭和七年一月十三日著手
> 昭和八年十月三十一日竣功
> 工事資金五十二万千二百五十圓也
> 灌溉總面積一千八百五十餘甲

| 照片 3-1-1　大寮圳竣功記念碑（正面）照片來源：田野調查（2012 年 7 月 10 日）拍攝。 | 照片 3-1-2　大寮圳竣功記念碑（背面）照片來源：田野調查（2012 年 7 月 10 日）拍攝。 |

32　位置即現今高雄市大寮區九大路（臺 29 線）曹公圳橋旁，立於曹公圳導水幹線旁的田園邊，當地人多以「石頭公」稱之。

　　昭和 8 年（1933）7 月，灌溉和排水路竣工後，因為工程設計的變更，以及夏天雨季影響工事的進行，所以工事又延長一年。[33] 昭和 8 年（1933）年底開始試驗通水，同時繼續開鑿補助水路，直到昭和 9 年（1934）2 月才全面完工，[34] 2 月 6 日在鳳山街曹公祠，舉行竣功報告式和通水式。[35]

　　綜上所述，大正 10 年（1921）大寮平原沿岸築起堤防後，隨即於大正 14 年（1925）9 月，政府派員到大寮平原實際測量地形並設計大寮圳。工事的籌備期間，因為受到經濟不景氣的影響，物價上漲，以致工事預算增加，甚至有質疑工事是否繼續進行的輿論出現，倘若政府不顧民意仍執意實施工事，勢必在水圳通水後，會對大寮庄平原上的農民造成額外的經營負擔，因此希望待景氣好轉時，再進行擴張工事。最後，政府從國庫補助工事費用，以及水利組合會員共同分擔不足的費用，爭議多時的工事費用得以解決，而工事可以順利進行並完工通水，因此平原得水圳灌溉而水田化。

　　另一方面，從工事計畫期間到水圳竣工通水後，曹公水利組合陸續將大寮庄赤崁、磚子磘、山子頂、翁公園、大寮及拷潭，總計六個大字，逐年劃進為水利組合的事業經營範圍（表 3-1-5）。據此，政府透過水利組合的事業擴大經營範圍，對於大寮庄本地的灌溉用水與農地經營更加掌握。換言之，整個大寮庄可以栽植稻作的地區，都納入曹公水利組合的事業經營範圍。

33　曹公水利組合，〈大寮方面灌溉擴張工事〉，頁 84。

34　〈大寮灌溉　擴張工事　按來月竣工〉，《臺灣日日新報》（1934 年 1 月 24 日），第 4 版。

35　〈大寮灌溉　工事告竣　報告于曹公祠〉，《臺灣日日新報》（1934 年 2 月 9 日，第 8 版。關於竣功報告式的詳細內容，可參見：作者不詳，〈彙報〉，《臺灣の水利》，4（2）（1934），頁 114-117。

表 3-1-5　曹公水利組合於大寮庄的水利事業經營範圍變化

時間	水利事業區域
昭和 4 年（1929）	將「高雄州鳳山郡大寮庄赤崁」編入水利組合事業經營範圍。
昭和 14 年（1939）	除原本的「赤崁」，增加「磚子磘、翁公園、山子頂、大寮」。
昭和 15 年（1940）	除原本的「磚子磘、翁公園、山子頂、大寮、赤崁」外，再增加「拷潭」，合計 6 個大字。

整理自：〈曹公水利組合區域變更認可〉，《府報》第 574 號（1929 年 1 月 23 日），臺北：臺灣總督府。〈曹公水利組合區域變更認可〉，《府報》第 3737 號（1939 年 11 月 18 日），臺北：臺灣總督府。〈曹公水利組合區域變更認可〉，《府報》第 3967 號（1940 年 8 月 17 日），臺北：臺灣總督府。

第二節　圳路分布與給水的區域差異

　　從大正 14 年（1925）開始實測地形並設計圳路，籌備過程經歷因追加工事費用而引起的爭議，由政府出面解決後，最後於昭和 8 年（1933）7 月竣工及試驗通水。因為工事期間歷經工事設計的變更，與開鑿補助的圳路等因素，所以工事期再延長一年。最後大寮灌溉擴張工事於昭和 9 年（1934）年初全面竣工。大寮庄的平原得大寮圳的灌溉，促使原本曹公舊圳無法全面灌溉的大寮平原得以水田化，灌溉區預期可以行兩期的稻作。

　　水圳通水後，雖然平原實施全面灌溉，但因為平原廣大，並且圳路由北至南距離長遠，沿圳的田園都依賴圳水灌溉。對於依賴圳水灌溉的農民們，因為自家農地位置不同，影響田園得到圳水的時間快慢和水量多寡，所以在農民的認知裡，逐漸形成「水頭」和「水尾」空間劃分的差異，並且影響灌溉區境內農地經營型態和灌溉用水。以下就灌溉區的圳路分布、灌溉區水田化後的影響和成效，與灌溉區境內「水頭」和「水尾」的空間劃分和界定。

一、大寮圳圳路的分布

　　大寮圳是依循大寮平原的由北向南漸低的地勢興建而成的，即灌溉區的北端磚子磘為平原的最高處，往南至赤崁為平原的最低點。[36]。大體上，大寮圳的圳路從大樹庄九曲堂，即曹公舊圳取水口附近，築「導水幹線」，引下淡水溪溪水，至大寮庄溪埔寮北方，分作兩條灌溉幹線，往左靠近下淡水溪堤防者，為「第一號幹線」，再接「第一號支線」至「第四號支線」；往右經翁公園的西邊，再向南流，是「第二號幹線」，接續「第五號支線」和「第六號支線」（圖3-2-1、圖3-2-2）。

　　除了灌溉幹線與旗下的支線和田間的小給水路，以及排水幹線與田間的小排水路，做為排除灌溉田園後的剩餘水，分別是「大寮排水線」、「翁公園排水線」、「潮州寮排水線」及「排水幹線」，共四條排水線路。為了考慮到灌溉區內的農家，方便地從事農事和交通上的考量，在圳道上架設橋梁，有些圳路則以暗渠的方式來鋪設，便利農家從事農業活動（表3-2-1）。[37]

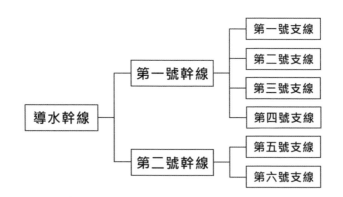

圖3-2-1　大寮圳灌溉圳路組織圖
整理自：曹公水利組合，〈大寮方面灌溉擴張工事〉，頁82。

36　曹公水利組合，〈大寮方面灌溉擴張工事〉，頁79。
37　曹公水利組合，〈大寮方面灌溉擴張工事〉，頁83。

表 3-2-1　大寮圳圳路長度及設施一覽表

種別 線別	長度（間）	各種構造物數量				合計
		水門	橋樑	暗渠	其他	
導水幹線	700.70	1	2	-	1	4
第一號幹線	4,298.30	8	20	8	1	37
第二號幹線	2,060.00	5	10	3	-	18
第一號支線	1,691.60	1	5	1	5	12
第二號支線	560.00	1	2	1	1	5
第三號支線	2,082.30	2	12	1	3	18
第四號支線	465.10	1	2	1	2	6
第五號支線	1,332.44	1	6	1	3	11
第六號支線	1,758.50	1	6	1	1	9
小給水線	1,758.60	56	-	19	279	354
排水幹線	4,158.50	-	13	-	3	16
大寮排水線	4,154.50	-	14	4	-	18
翁公園排水線	869.75	-	4	-	-	4
潮州寮排水線	3,771.50	-	5	1	-	6
小排水線	3,529.10	-	-	14	7	21

整理自：曹公水利組合，《大寮方面灌溉擴張工事概要》，頁 6。

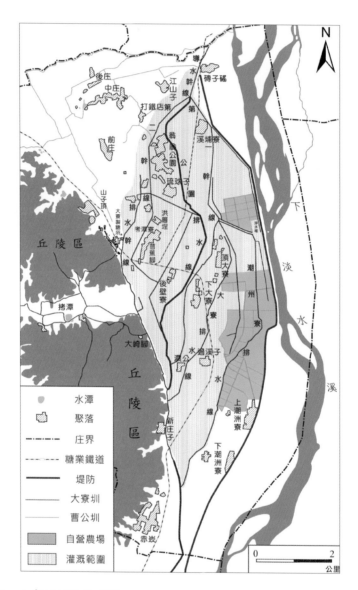

圖 3-2-2　大寮圳圳路分布圖

資料來源：大日本帝國陸地測量部，《二萬五千分之一臺灣地形圖》（1921-1928
調製）。

說明：本圖的原圖圖幅包含〈九曲堂〉與〈仙公廟〉。昭和 3 年（1928）測圖，
昭和 17 年（1942）修測，昭和 20 年（1945）臺灣軍司令部複製。

　　在圳道的構造方面，是以土圳為主要的結構。但因為大寮平原部分的地質特性，土壤含砂量較高，導致保水能力不佳，在地表流動的圳水容易下滲，所以行經該處的「第一號幹線」，除了圳路末端的一部分外，[38] 其餘皆施作混凝土的內面工，[39] 防止圳水的滲漏，影響灌溉的效率。

二、灌溉區水田化的成效

　　大寮圳配合平原由北而南漸緩的地勢來建造，從導水幹線引下淡水溪溪水，分作兩大幹線，再接續六條支線，並配合小給水線，全面灌溉大寮平原。大寮圳竣工通水後，促進平原的水田化（圖 3-2-3）。近二千甲面積的大寮圳灌溉區，有三分之二的面積，約一千二百甲的土地可以種植兩期稻作。同時二千甲面積灌溉區中，有八百甲屬於新興製糖會社的蔗作區。但大寮平原的地質以砂土和壤土為主，其中以過溪子、上潮州寮和下潮州寮等地一帶，因為土壤的含砂量較高，導致田園的地表不易涵養水分，容易滲透到地下，所以大寮圳灌溉區要在得水圳灌溉後，灌溉區境內要轉為水田是必須循序漸進的。[40]

38　臺灣水利協會，〈圖 2 說明（高雄州曹公水利組合大寮方面灌溉擴張工事）〉，《臺灣の水利》，3（4）（1933），頁 6。

39　「內面工」指：覆蓋在輸水水路整個或部分周邊上之保護層，用以防止滲漏損失、抗壓或抗浸蝕，以及減少水流摩擦改善水流條件，並可節省水量，減少渠道斷面及用地，節省工程費用。材料通常使用者有砌塊石、混凝土砌塊石、無筋混凝土、鋼筋混凝土、瀝青等。直接引自：農田水利入口網，〈內面工渠道〉。資料檢索日期：2013 年 6 月 26 日。網址：http://doie.coa.gov.tw/vocabulary/vocabulary-detail.asp?id=160004。

40　〈大寮灌溉　擴張工事　按來月竣工〉，《臺灣日日新報》（1934 年 1 月 24 日），第 4 版。

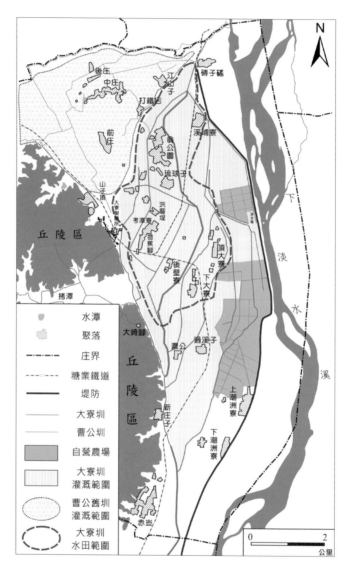

圖 3-2-3　大寮圳通水後水田分布區

資料來源：大日本帝國陸地測量部，《二萬五千分之一臺灣地形圖》（1921-1928
調製）。

說明：本圖的原圖圖幅包含〈九曲堂〉與〈仙公廟〉。昭和 3 年（1928）測圖，
昭和 17 年（1942）修測，昭和 20 年（1945）臺灣軍司令部複製。

同理，對大寮圳第一號幹線而言，因為圳路經過的地質，屬於土壤含砂量高的地方，所以該圳路除末端為土圳的形式，其他部分皆施作混凝土內面工，為的是防止圳水從取水口一路流到圳路末端時，圳水沿途地滲漏，導致圳路末端缺乏灌溉水，讓位於圳路末端的田園乏水灌溉，影響灌溉效率。

大寮圳通水後，促使旱田水田化，大寮平原全境幾乎屬於大寮圳灌溉區的範圍，有穩定的灌溉水源，不必依賴夏季雨季的降水做為唯一的灌溉水源，因此原先的旱田和荒地可以得到充足的灌溉水源，而得以開墾做為田園利用。

大寮平原從原本的缺乏水利設施灌溉的田園，昭和 8 年（1933）大寮圳通水後，成為有穩定供水灌溉的田園，促使平原上的水田和旱田，從昭和 7 年（1932）到昭和 14 年（1939)6 年間，土地水田化後，民有水田面積增加近六百甲，而昭和 11 年（1936）時，民有旱田的面積減少約四百甲。至於民有雜種地的面積，昭和 10 年（1935）有三餘甲，到昭和 12 年（1938）減少至 1.4 甲，即減少約一甲至二甲之間（表 3-2-2）。

大寮圳興建目的，最主要是要讓灌溉區的農地可以栽植兩期稻作。大寮圳在昭和 9 年（1934）全面完工通水後，從昭和 10 年（1935）至昭和 13 年（1938）間，水田面積增加，其中兩期田的面積是增加二百餘甲。因此大寮圳通水後，成功地讓灌溉區的農地可以行兩期稻作（表 3-2-3）。

表 3-2-2　昭和 7-14 年（1932-1939）大寮庄耕地面積變化

年代	水田		旱田		雜種地	
	官有	民有	官有	民有	官有	民有
1932	-	1,326.0000	-	2,943.0000	-	-
1933	9.9556	1,344.3253	38.3593	2,864.8068	-	-
1934	10.0000	1,339.0000	38.0000	2,822.0000	-	-
1935	9.5590	1,537.0937	37.7080	2,738.8929	0.0985	3.1142
1936	16.7824	2,019.9132	30.7254	2,309.7751	0.0985	2.9819
1938	0.6974	2,128.3603	0.6242	2,450.0417	0.0985	1.4656
1939	16.7824	2,033.4140	30.7215	2,337.5148	0.0985	2.8514

整理自：鳳山郡役所，《鳳山郡要覽》（1932-1936，1938-1939）。

表 3-2-3　昭和 10-13 年（1935-1938）大寮庄耕地面積變化

年代	總數	旱田	水田			
			總數	兩期作	單期作	
					一期作	二期作
1935	4,330.12	2,310.72	2,019.40	1,098.65	523.31	394.44
1936	4,418.39	2,368.22	2,050.17	1,102.26	548.47	399.44
1937	4,516.51	2,350.89	2,165.62	1,252.76	528.25	384.61
1938	4,587.00	2,453.38	2,133.62	1,222.41	526.60	384.61

整理自：高雄州知事官房文書課，《高雄州統計書》（1935-1938）。
說明：昭和 9 年（1934）統計書，無以街庄為單位的統計數據。

三、「水頭」和「水尾」空間的形成

大寮圳依循大寮圳平原由北往南趨緩的自然地形，築圳而成，並配合幹線、支線及小給水路，形成綿密的灌溉網路，對大寮平原實施全面灌溉。但因為平原的部分地區的土壤含砂量較高，導致土壤保水不易，灌溉水源容易滲透，所以部分的圳路，施以防水滲透的混凝土內面工，避免灌溉水在行經圳路時，圳水沿路滲漏，水量減少，造成田園的灌溉效率不佳。

大寮圳從大樹庄九曲堂，引下淡水溪溪水，依照大寮庄平原的地勢，由北至南全面灌溉平原。但灌溉區境內，由北至南皆有田園需要大寮圳的灌溉。在鑿井技術不發達的時期，田園幾乎依賴大寮圳來灌溉。雖然大寮圳灌溉區實施全面灌溉，但為了配合稻作生長期間的給水灌溉，因此在每年 3 月和 4 月間，正值第一期水稻的抽穗期，[41] 配合農民每四到五天灌溉一次水田的作息，不同於播種插秧時期需要每二到三日頻繁地灌溉，於是水利組合不需從下淡水溪抽取太多水量，對灌溉區實施「輪番灌溉」，[42] 以「分時」和「分區」的方式，控制抽水量，對於灌溉區進行輪流灌溉，讓灌溉區的田園都可以平均地得到圳水，皆受到大寮圳的灌溉。

大寮圳通水後，雖然促使平原的水田化，但其實水田化的範圍和程度仍有限（圖 3-2-2）。其原因有二，一是濃公、過溪子、上潮州寮和下潮州寮等地一帶，因為土壤的含砂量較高，土壤的孔隙較大，所以灌溉至田園的圳水，停留在表層的時間不長，很快就會滲透到地下，種植在地表上的農作物就不易吸收到水分，換言之，即田園土壤

41　農民會以臺語稱作「出穗」或是「大肚」。

42　〈鳳山大寮籌開埤圳　工費五十餘萬圓　灌溉千七百餘甲〉，《臺灣日日新報》（1931 年 8 月 17 日），第 8 版。

的保水能力不高。因此無法栽植需水量較高的作物，此地一帶仍以需水較少的旱作為主。

再者，大寮圳的圳水從北邊的磚子磘，流至南邊的赤崁一帶，沿圳都有田園需要大寮圳的灌溉。雖然水利組合實施「輪番灌溉」的輪流灌溉制度，試圖讓灌溉區境內的田園都能得到圳水灌溉，但因為大寮平原幅員廣大，且南北距離長，所以圳水一路從北邊的田園引圳水灌溉後，流經大寮一帶的田園，農民就會感到圳水水量已經變少，灌溉困難。南邊的赤崁一帶，田園能得到圳水就更少，加上赤崁一帶的地質含砂量較高，土壤保水不易，灌溉水容易滲漏，因此所得到的灌溉水不足以充分灌溉田園，農民僅能種植旱作，或適合該地質的作物，例如甘藷、落花生和白蘿蔔等。

由上述兩者原因可得知，除了地質的因素，最主要的原因為大寮圳的圳路長度長，雖然利用輪灌制度進行分時和分區的輪流灌溉，但無法避免由北至南的長遠距離，而在大寮圳灌溉區境內形成「水頭」和「水尾」的空間。換言之，「水頭」和「水尾」的空間差異，除了來自於田園是位在大寮圳圳路的「北邊」，或是「南邊」的方向差異，還有依據沿圳的田園所在的位置，是否能得到充足的圳水，區分「水頭」和「水尾」，是大寮區灌溉區境內的農民，對於灌溉區空間環境的理解方式（表3-2-4）。

大寮圳的灌溉水源，來自下淡水溪溪水，依循平原的地勢興築圳路，全面灌溉大寮平原。大寮圳通水後，讓近二千甲的灌溉區水田化，三分之二的面積可以行兩期稻作。雖然平原得大寮圳的灌溉後，水田化頗有成效。再者，灌溉區的範圍由北至南幅員廣大，沿圳的田園幾乎依賴圳水的灌溉，在灌溉水源有限的情況下，即使借助輪番灌溉的方式，讓灌溉區的田園能平均地獲得圳水的灌溉，但因為受到田

園所在位置的關係，以及圳路由北至南，距離長遠的因素，影響田園得到圳水的多寡與灌溉時間的快慢，並且沿圳從北邊開始逐漸會有農民攔水或擋水來灌溉自家田園，逐漸地讓水路受阻，所以在灌溉區境內，形成「水頭」和「水尾」的空間差異（圖3-2-4）。據此，灌溉區因圳水的多寡，所形成的「水頭」和「水尾」空間，如何影響灌溉區內的農地經營和用水？

表3-2-4　大寮圳灌溉區的「水頭」和「水尾」

分區		大字	聚落
大寮圳灌溉區	水頭	磚子磘	磚子磘、溪埔寮、江山子
		山子頂	山子頂
		翁公園	翁公園、琉球子
	過渡帶	大寮	考潭寮、芎蕉腳（小字）、洪厝埕、後壁寮、頂大寮、下大寮
	水尾	赤崁	濃公、過溪子、上潮州寮、下潮州寮

資料來源：

1.「大字」和「聚落」根據：大日本帝國陸地測量部，《二萬五千分之一臺灣地形圖》（1921）。

2. 田野調查所得。

說明：根據田野調查，在「大寮」大字境內，有些農民認田園得到的圳水與水頭相比，稍有不足，所以認為他們是已接近水尾。但一般而言，普遍在農民的認知裡，「赤崁」大字一帶才算是水尾。故本研究將「大寮」歸在屬於「水頭」和「水尾」之間的過渡帶。

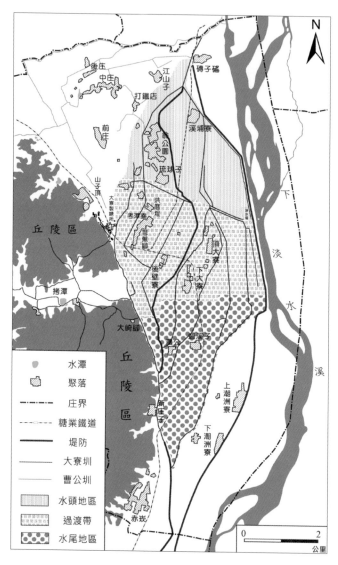

圖 3-2-4　大寮圳灌溉區水頭和水尾的空間分布

資料來源：大日本帝國陸地測量部，《二萬五千分之一臺灣地形圖》（1921-1928 調製）。

說明：本圖的原圖圖幅包含〈九曲堂〉與〈仙公廟〉。昭和 3 年（1928）測圖，昭和 17 年（1942）修測，昭和 20 年（1945）臺灣軍司令部複製。

第三節　大寮圳通水後的農地經營與用水

　　大寮圳於昭和 9 年（1934）年初全面竣工通水後，促使原本以旱田和荒地為主的平原，得以水田化，並且灌溉區內有三分之二的面積可以栽植兩期的稻作。水田化後，可以種植水稻和其他作物，讓灌溉區的土地價值與收益增加（表 3-3-1）。另一方面，因為大寮圳圳路由北至南距離長遠，沿圳的田園都需要圳水灌溉，受到距離遠近的影響，造成田園得圳水灌溉時間的早晚，並且沿圳會有農民攔水灌溉田園，讓圳路受阻，阻礙流往下游的圳水，所以在灌溉區境內形成「水頭」和「水尾」的空間劃分。

　　灌溉區的田園，因得到圳水多寡，以及田園位置位在圳路的南、北距離的遠、近因素，而形成的「水頭」和「水尾」空間。再者，在農地經營和用水的關係上，是否也會形成「水頭」和「水尾」的空間差異？另一方面，因為大寮平原上的大寮圳灌溉區，也屬於新興製糖株式會社的原料採取區的範圍，所以大寮圳通水後的水田化，對以甘蔗為主要作物的蔗作區，帶來什麼樣的影響？製糖會社要如何因應土地水田化帶來的影響？

　　據此，因為灌溉區境內的農地經營方式和類型呈現多樣，有民有水田、旱田，和新興製糖會社的原料採取區域和自營農場等，所以本節承續前章，以「農地經營」的型態和方式與農地的「灌溉用水」做為空間上的分類。

表 3-3-1　大寮圳工事前、後的灌溉區土地收益比較

區分		工事實行前			工事實行後			差引增益
		面積（甲）	每甲平均	合計	面積（甲）	每甲平均	合計	
	收穫金	1,786.50	257.86	460,672.50	1724.10	390.17	672,707.50	**212,035.00**
公課金（圓）	小作人所　得	1,786.50	171.82	306,960.30	1724.10	213.85	368,714.00	**61,753.70**
	地　租	1,786.50	4.36	7,789.14	1724.10	8.14	14,034.17	**6,245.03**
	附加稅	1,786.50	2.18	3,894.57	1724.10	4.07	7,017.07	**3,122.52**
	水　租	1,786.50	-	-	1724.10	8.00	13,792.80	**13,792.80**
	其　他	1,786.50	1.46	2,608.29	1724.10	2.73	4,706.79	**2,098.50**
	合　計	1,786.50	8.00	14,292.00	1724.10	22.94	39,550.85	**25,258.85**
地主所得（圓）		1,786.50	78.04	139,420.20	1724.10	153.38	264,442.65	**125,022.45**
土地買賣價（圓）		1,786.50	970.00	1,732,905.00	1724.10	1,930.00	3,327,513.00	**1,594,608.00**

整理自：曹公水利組合，《大寮方面灌溉擴張工事概要》，頁9。

一、水田

　　大寮圳通水後，平原因為得水灌溉，所以由原本的旱田和荒地的土地型態，轉變為可以種植兩期水稻的水田。在田園的灌溉用水上，從大寮圳通水前，原本只能依賴雨季降水來做為田園灌溉用水的「看天落雨」灌溉方式，轉變成依賴水圳灌溉的田園。

　　在拷潭大字方面，因為該地的田園灌溉是依賴雨季降水，和山間逕流所蓄積的水潭，做為田園灌溉用水的來源，所以不受到大寮圳的灌溉，但在昭和15年（1940）被劃進曹公水利組合的事業經營範圍。

（一）大寮平原

　　大寮平原在昭和 8 年（1933）大寮圳竣工通水前，僅位於平原西北邊的前庄、中庄及後庄等地受到曹公舊圳的灌溉，水田比例高，可以種植水稻。而平原其他的地方，因為缺乏水利設施的灌溉，所以僅能依賴雨季的降水，做為田園的灌溉水源，田園為「看天落雨」的灌溉方式，僅能栽植一期的占稻，或是甘藷等耐旱作物。

　　昭和 8 年（1933）大寮圳竣工通水後，促使平原水田化，大約有二千甲的灌溉區，其中有三分之二的土地可以進行兩期稻作。大寮平原的水田主要集中於磚子磘、翁公園、山子頂和大寮四個大字。換言之，是灌溉區的「水頭」地區。

　　平原上的水田，以兩期稻作為主，主要種植「四月冬」和「十月冬」的水稻。「四月冬」是第一期稻作，在每年的正月開始播種插秧，也有就在 12 月底插秧，需四到五個月的生長期，在 5 月和 6 月間即可收成。「十月冬」為第二期稻作，約在 6 月底和 7 月初之間種植，生長期較短，約三個月左右，於 10 月收成。

　　據此，大寮圳的通水灌溉時間，主要是配合兩期稻作的灌溉時間（圖 3-3-1）。第一期的通水，在每年的 12 月下旬到隔年的 6 月上旬為止，是配合第一期「四月冬」稻作的灌溉。6 月下旬至 9 月上旬，適逢 5、6 月的梅雨季和夏天的颱風季，農民即利用雨水來灌溉田園，而第二期「十月冬」稻作，即利用雨季的降水來灌溉。此時水圳斷水，停止供應灌溉水。第二期的通水灌溉，從 9 月下旬到 11 月上旬，為期兩個月，通水時間較第一期的通水短。最後斷水一個月，於 12 月下旬開始第一期的通水，提供第一期稻作的灌溉。

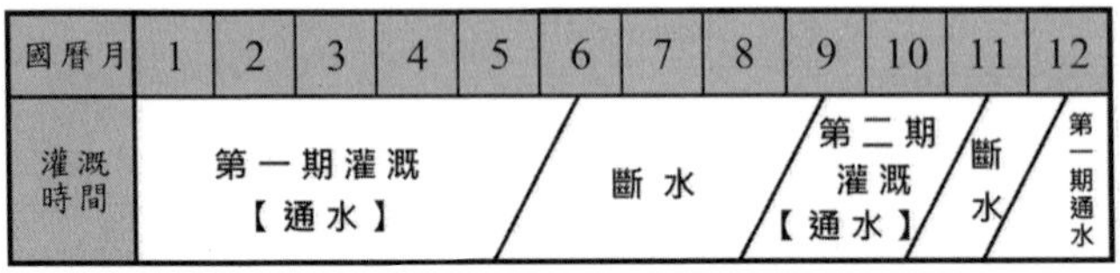

國曆月	1	2	3	4	5	6	7	8	9	10	11	12
灌溉時間	第一期灌溉【通水】					斷水			第二期灌溉【通水】		斷水	第一期通水

圖 3-3-1　大寮圳灌溉通水時間年中行事曆

資料來源：高雄州，《高雄州產業調查會農業部資料下》（1936），頁 2。

　　此外，雖然大寮圳透過平均分布於平原上的圳路全面灌溉平原，但在地下鑿井取水技術不發達的年代，平原上的田園依賴圳水做為灌溉水的來源。以種植水稻為主的農地，穩定的灌溉水源是必要條件，尤其在稻作的生長期間是需要水。初期要每兩、三天灌溉一次，到了後期的抽穗期則每四、五天灌溉一次即可。因此，在水稻的播種插秧時期，是田園需要大量用水的時候，故此時需實行全面灌溉。當水稻開始抽穗時，不需要頻繁地灌溉，於是水利組合實施「輪番灌溉」，即臺語的「輪水番」，以每二日到三日作一循環，[43] 對灌溉區進行「分時」和「分區」的輪流灌溉，[44] 讓大寮圳可以平均地灌溉大寮平原。

　　即使透過「輪水番」的輪流灌溉機制，試圖讓灌溉區的田園可以平均地得圳水灌溉，但因為稻作的插秧播種時期，也是屬於極需要用圳水灌溉的時候，所以在灌溉水有限的情況下，仍然無法完全地充分灌溉每一塊田園，導致偶有農民搶水或盜水的情事發生。[45]

43　田野調查（2012 年 7 月 11 日）：於上寮里大隆宮訪問簡先生（90）所得。據簡先生表示，因為冬天少雨缺水，所以輪水番以每二到三天為一循環，進行輪流灌溉。

44　田野調查（2012 年 9 月 24 日）：於上寮里大隆宮訪問簡先生（90）所得。

45　詳見：〈曹公圳監視員　默認盜水　收賄受檢舉〉，《臺灣日日新報》（昭和 8 年 9 月 27 日）第 4 版。〈大寮庄部落民の曹公圳盜水問題　高雄州警務當局で適當な　解決方を目下攻究中〉，《臺灣日日新報》（昭和 10 年 2 月 13 日），第 3 版。

　　平原除以水稻為主要作物外，還有種植甘蔗、香蕉和甘藷等作物。其中以稻米和甘蔗是日本政府最為重視，也是當局積極發展以及尋求增產的兩大作物。香蕉則是稻米、甘蔗以外的主要作物之一，收穫主要運銷到日本等地。[46] 大寮平原上的香蕉，有冬天採收，以及春、夏間採收兩種，但以冬天和春天採收的品質較佳，其中又以冬季採收者最佳。香蕉需要一年的生長期才能採收。在大寮平原上，一般農民多在農曆 2 月時種植，或在第一期「四月冬」稻作收割後，才種植香蕉。[47]

　　另外，在平原上地勢比較高的地方，土壤含砂量較高，排水良好的地方，也有農民會種植西瓜，但本地的西瓜主要多種植在下淡水溪沿岸的溪埔地，[48] 農民多以鑿井的方式取地下水，再以勺子舀水澆灌作物。

（二）拷潭

　　拷潭大字一帶位於丘陵內的谷地，地勢比大寮平原高些，本身不受到大寮圳的灌溉。境內有些地勢較低窪的窪地可以蓄積夏天雨季的降水，以及山間的逕流，餘地低處蓄積成一窟窟的水潭，又稱作「窟仔」。最大的水潭面積有四十至五十甲，稱作「山仔湖」。[49] 因為田園的地勢多比水潭高，所以農民會在田園邊架設名為「龍骨車」的水車，以雙腳踩踏水車的方式，將水潭的水引至田園灌溉。

46　田野調查（2012 年 9 月 24 日）：於上寮里大隆宮訪問簡先生（90）所得。根據簡先生表示，日治時期臺灣生產的香蕉，主要運銷到日本，還有中國的上海和天津等地。

47　田野調查（2012 年 9 月 24 日）：於上寮里大隆宮訪問簡先生（90）所得。

48　田野調查（2012 年 7 月 11 日）：於上寮里大隆宮訪問簡先生（90）所得。據簡先生表示，因為冬天少雨缺水，所以輪水番以每二到三日為一循環，進行輪流灌溉。

49　田野調查（2013 年 4 月 3 日）於上寮里大隆宮訪問簡先生（91）所得。

　　然而潭水除了來自山間逕流外，主要是來自夏天雨季時所蓄積的降水。當地農民在新曆 11 月時種植第一期「四月冬」稻作，到來年新曆 4 月的清明節前夕收成，為臺灣南部最早收穫的一期稻作。位於拷潭的田園，是位在丘陵內的谷地上，但對於平原上的居民而言，田園是在山上，因此會被居住在平原上的居民稱之為「山田仔」。[50]

　　雖然拷潭大字不屬於大寮圳的灌溉範圍，但在昭和 15 年（1940）曹公水利組合將其納入水利事業的經營範圍內。[51]

二、旱田

　　雖然大寮圳促使平原水田化，可以栽植水稻，但因為灌溉區由北至南，幅員廣大，即使實施輪番灌溉，但效果仍是有限。再者，灌溉區全境的土壤以砂土和壤土為主，但土壤含砂量的多寡，有空間上的差異。在灌溉區境內的赤崁大字一帶，因為境內的土壤含砂量較高，地表較容易滲水，所以栽植水稻就較為不容易。因此位於「水尾」的赤崁，必須比以水田型態為主的「水頭」地區，還要多加灌溉，以保持田園地表的濕潤。

　　在鑿井技術不發達的年代，農民自行鑿井取地下水灌溉者仍是有限，多半仍必須依賴大寮圳來灌溉田園。因為處於灌溉區的水尾地區，本身得到的圳水就少，還有本地的土壤屬於含砂量高且容易滲透的土壤，所以農地經營上，要水田化和行兩期稻作其實是不容易的。除非有更多的水源可以補助田園的灌溉，才能種植稻作。因此本地雖然有少數的田園栽植一期的稻作，多數農民考量到農地的地質條件，

50　田野調查（2013 年 3 月 25 日）於上寮里大隆宮訪問所得。

51　詳見：〈曹公水利組合區域變更認可〉，《府報》第 3967 號（1940 年 8 月 17日），臺北：臺灣總督府。

多以種植甘蔗為主，其他有香蕉、甘藷、落花生等適合含砂量高的土地，或耐旱的作物。

在過溪子聚落一帶，因為本地地質也屬於含砂量高的土地，適合種植白蘿蔔，所以該聚落在日治時期即以出產白蘿蔔而聞名。因此過溪子也有「菜頭庄」之稱，延續至戰後。[52] 一般而言，白蘿蔔除了需要生長在排水良好的砂土地外，生長溫度適宜在攝氏 20 至 25 度間，生長期約需 5 至 6 個月。過溪子栽植的白蘿蔔多在新曆 9 月至 10 月間開始栽植，至來年的新曆 3 月採收。因為新曆 4 月至 5 月間天氣趨漸炎熱，所以過溪子本地不再種植白蘿蔔，等到 9 月至 10 月間，入秋轉涼時再栽種。[53]

因為過溪子的白蘿蔔盛產，所以會有農民將部分的白蘿蔔曬乾，經過加工處理製成「菜脯」，臺語稱為「剖菜脯」。[54] 因此在過溪子聚落內，有數間專門將收成有餘的白蘿蔔處理並製成菜脯的工廠，俗稱「菜脯間」。[55] 因為「剖菜脯」需要大量的人力來處理並曬製白蘿蔔，所以有許多從嘉義來的工人至過溪子此地來「剖菜脯」。

要言之，赤崁大字一帶，除了因為位於大寮圳灌溉區的水尾，得到圳水不比水頭地區來得豐沛，土壤的含砂量也比水頭地區來得多，所以除非有足夠水源可以常常灌溉田園，才能栽植需水較多的水稻。一般而言，農民僅能配合本地自然環境和人文條件，適地來種植甘藷和落花生等作物。

52　田野調查（2013 年 3 月 27 日）：於過溪里北極殿旁訪問吳先生（58）所得。

53　田野調查（2013 年 3 月 27 日）：於過溪里北極殿旁訪問吳先生（58）所得。據吳先生表示，過溪子的白蘿蔔最先收成，接續是南投縣埔里鎮，和雲林縣西螺鎮。三地為白蘿蔔的重要產地。

54　田野調查（2013 年 4 月 2 日）：於過溪里訪問洪女士（90）所得。

55　田野調查（2013 年 3 月 27 日）：於過溪里北極殿旁訪問居民所得。日治末期到戰後初期（1940s-1950s）間，過溪村內有 6 間「菜脯間」。

三、新興製糖會社蔗作區

　　大寮庄的平原，從北邊的磚子磘到南邊的赤崁，全境屬於大寮圳灌溉區。而在昭和 8 年（1933）大寮圳通水前，明治 36 年（1903）新興製糖會社即在山子頂設場營運，並依據「原料採取區域制度」的規定，大寮庄平原一帶屬於新興製糖會社工場的原料採集區域。因此灌溉區除了種植稻米，甘蔗也是本區的重要作物。據此，若是灌溉區境內的農民栽植甘蔗，必須賣給本地的製糖工場做為壓榨原料。

　　另一方面，新興製糖會社為了確保原料供應穩定無虞，從大正 9 年（1920）起，[56] 會社每年投資 16 至 17 萬圓不等，資本額增至 120 萬圓，陸續收購大寮平原沿下淡水溪河岸一帶，生產力不高且土壤含砂量較高的砂土地帶，並添設抽水馬達等灌溉設備，以及興築排水設施等措施，以提高甘蔗的產量，收購的土地分別在翁公園、大寮和潮州寮一帶，大致範圍即原本由陳文遠所經營的農場，轉為新興製糖會社的「翁公園」、「大寮」、「潮州寮」三座自營農場（圖 3-3-2）。[57]

　　因此，新興製糖會社在大寮圳灌溉區境內的蔗作區，有「原料採取區」和「自營農場」兩大部分。根據田野調查，大寮平原上的居民對於工場蔗作區即以「原料區」和「農場」稱之，又稱為「會社地」，兩者的經營方式不大相同（表 3-3-2）。

56　〈新興製糖　陳氏農場買收〉，《臺灣日日新報》（1924 年 11 月 22 日），第 3 版。

57　社團法人臺灣糖業文化編輯委員會，《臺灣製糖株式會社歷史圖說集》（臺北：財團法人臺灣武智紀念基金會，2008），頁 159。

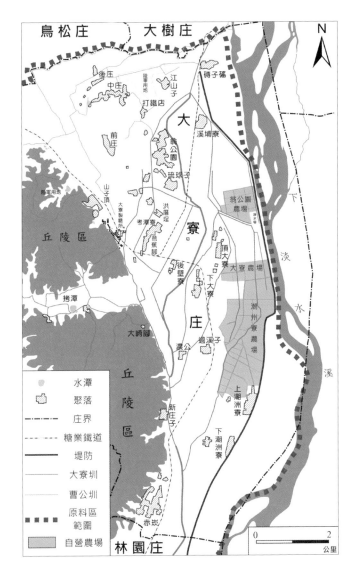

圖 3-3-2　新興製糖會社原料採取區範圍和自營農場的位置

資料來源：大日本帝國陸地測量部，《二萬五千分之一臺灣地形圖》（1921-1928
調製）。

說明：本圖的原圖圖幅包含〈九曲堂〉與〈仙公廟〉。昭和 3 年（1928）測圖，
昭和 17 年（1942）修測，昭和 20 年（1945）臺灣軍司令部複製。

表 3-3-2 　新興製糖株式會社的甘蔗栽植區

分區	原料採取區	自營農場
土地經營性質	1. 私人土地。 2. 與當地的工場簽訂契約，生產的甘蔗賣給工場。 3. 設有「管區」一職，以管理原料區與監督農民。 4. 若是農民種植較多的甘蔗，則有機會可以成為「原料委員」，其工作則協助會社，推廣和鼓勵其他農民為能為製糖會社種植甘蔗。	1. 土地為新興製糖株式會社所有和經營。 2. 場內種植甘蔗。

資料來源：田野調查（2012 年 9 月 9 日）：於上寮里大隆宮訪問簡先生（90）所得。

　　原料區屬於農民的土地，農民會與工場簽訂契約，每次收成的甘蔗都要交給原料區境內的工場。同時工場在大寮平原上的原料區內，分別在「翁公園」、「大寮」和「潮州寮」三處設置原料區的辦公室，並設有「管區」[58] 管理原料區的蔗園和監督與輔導農民種植甘蔗，「原料委員」則由種植較多甘蔗的農民來擔任，協助新興製糖會社，鼓勵原料區的農民能為會社種植甘蔗。[59] 另外自營農場，其土地屬於新興製糖會社所有，農場內栽植供應工場壓榨蔗糖的白甘蔗。

　　以下「原料採取區」和「自營農場」兩種不同的經營型態，做為對於新興製糖會社蔗作區空間上的分類，以釐清大寮圳通水後，對於蔗作區經營的影響和用水的關係變化。

---

58 田野調查（2012 年 9 月 9 日）於上寮里大隆宮訪問簡先生（90）所得。受訪者出生於大正 12 年（1923），大寮公學校（今大寮區的永芳國小）畢業。昭和 13 年（1938）15 歲時，任職於新興製糖會社，後擔任原料區的「管區」。並在昭和 15 年（1940）17 歲時擔任「甲長」一職。根據簡先生表示，當時擔任原料區「管區」的日薪約二圓，月薪約六十圓。

59 田野調查（2012 年 9 月 9 日）於上寮里大隆宮訪問簡先生（90）所得。

（一）原料採取區域

大寮平原上有規模地種植甘蔗，來自於大寮庄屬於新興製糖會社原料採取區的範圍。在大寮平原得大寮圳灌溉後，平原上原本以甘蔗為主要的作物，因為平原水田化的關係，可以行兩期的稻作，而農民考量稻米的收穫利潤較好，也是主要的糧食作物，所以趨於種植水稻，所以水稻和甘蔗並列為本地兩大主要的作物。一般農民所種植的甘蔗有兩種，一種是一般食用的「紅甘蔗」，[60]另一種是做為壓榨蔗糖原料的「白甘蔗」。

但對於原本甘蔗為主要作物的大寮平原，大寮圳通水後促使平原水田化，也讓農民從原本僅能栽植甘蔗等其他耐旱作物，因為有水圳提供穩定的灌溉水源，所以漸漸趨於栽植水稻。另一方面，大寮圳通水後，因為大寮圳的設計，如同竣工通水初期的嘉南大圳，雖然重視灌溉設施，但疏於排水設施，導致蔗作區排水不佳，甘蔗生長不良，糖分含量低，影響甘蔗的收成。[61]在昭和10年（1935）2月4日的報導提及：

> ……最近異常困難者。為鳳山新興製糖之區域。乃因曹公埤圳擴張完成。約一千八百甲耕地。向來每期。三分之一以上耕蔗者。殆一變為米作本位。乃因既有水灌溉。年可收米兩次。如向來不耕米農民。亦自昨年初耕作。為其處女地米作。肥料亦有效。每甲一次有收穫一萬二三千斤。二次普通

60　田野調查（2012年9月9日）於上寮里大隆宮訪問簡先生（90）所得。據簡先生表示，「紅甘蔗」又稱為「圓仔甘蔗」。

61　〈大寮庄新興區域　耕米優于種蔗　灌溉排水要併行〉，《臺灣日日新報》（1935年2月4日），第4版。

<u>一萬二三千斤。計有二萬斤實績。故農民一齊趨附。</u>為是蔗作則反是。因地下水既高。排水不良。灌溉工事完成前。大寮庄一帶。每甲收量十二萬斤者。今則低下為八萬斤。糖分一成四分。此等甘蔗製糖。不過一成二分。<u>顧新興工場。在大寮庄中央而受灌溉水影響者。</u>為此大寮庄一帶。在原料採取區域中。于運搬其他。最為便利之處。而蔗作受此惡影響。同社大蒙打擊。正為苦心于對策。……[62]

　　據此，原本屬於原料採取區域的大寮平原，以種植供應新興製糖工場的甘蔗。在原料採取區得大寮圳灌溉後，原本種植甘蔗的農民，因為田園得水圳灌溉，水稻可以兩穫，所以農民自昭和 9 年（1934）大寮圳全面竣工通水後，開始轉為栽植水稻，原本不栽植稻米的農民，也趨於栽植水稻。

　　然而對於甘蔗而言，因為排水設施不完善，所以導致蔗作區排水不良，甘蔗的產量和糖分含量皆不佳，進而影響工場的壓榨量。在大寮平原的中央，因為有糖業鐵道經過，所以從原料區運輸甘蔗至工場，是極為便利。因為大寮平原也是大寮圳的灌溉範圍，現階段排水設施不完善，造成蔗作區排水不良，影響甘蔗的產量和蔗糖的壓榨量，所以對於新興製糖株式會社的影響甚大，遂向政府當局陳情，盼能改善大寮圳灌溉區的排水設施。

　　昭和 10 年（1935），曹公水利組合改善大寮圳灌溉區的排水問題，投以 39,000 圓的工事費用，著手興築排水路工事。[63] 排水路工事完工後，蔗作區的排水問題獲得改善，讓甘蔗產量增加，以及增加新

---

62 〈大寮庄新興區域　耕米優于種蔗　灌溉排水要併行〉，第 4 版。

63 〈水溝開鑿　地主簽印　工費四萬圓〉，《臺灣日日新報》（1936 年 4 月 30 日），第 8 版。

興製糖會社工場的蔗糖壓榨量。[64]

再者，政府當局仍是希望繼續擴大寮圳的灌溉面積，但政府已於昭和9年（1934）實施「米穀統制法」，[65] 在法令頒布實行後，水利獎勵政策被凍結，各地水利組合停止水利建設及改善工程。[66] 因此根據「米穀統制法」的規定，曹公水利組合無法透過水利工事來繼續擴張大寮圳灌溉區的範圍。

昭和10年（1935）大寮圳灌溉區的排水設施改善後，大寮圳的灌溉和排水設施皆已完備。於是政府考慮效法嘉南大圳灌溉區，採用「三年輪作制度」[67]（圖 3-3-3），[68] 將大寮圳灌溉區細分各個小區域，農民依照規定種植作物，水利組合依照規定實行「分區」和「分時」對

---

64 〈新興製糖の蔗園改善 排水施設が完備せ ば 糖著增せん〉，《臺灣日日新報》（1936 年 3 月 2 日），第 3 版。

65 見〈高雄大寮圳 排水施設 將來三年輪作〉，《臺灣日日新報》（1936 年 7 月 7 日），第 12 版。該報導提及：「……為此救濟。及地方維持。灌溉面積擴大等必要。對確立輪作原則視為焦眉急務。殊如米穀統制問題倡首之際。故當局對此點。亦經有考慮。將來或如嘉南大圳區域。採用三年輪作方策云。」

66 李力庸，〈日本帝國殖民地的戰時糧食統制體制：臺灣與朝鮮的比較研究（1937-1945）〉，《臺灣史研究》，16（2）（2009），頁 82。

67 〈高雄大寮圳 排水施設 將來三年輪作〉，《臺灣日日新報》（1936 年 7 月 7 日），第 12 版。

68 「三年輪作制度」的實行方法為：
 （1）將水利事業區域的農田，依照水路系統，以約 150 公頃的面積，劃為一個給水區。各給水區實行小協會制，設置小給水路和排水路，並自行經營圳水的分配及其他埤圳利用等事項。
 （2）每一給水區再以約 50 公頃為單位，區分為三個小區。其中一區為夏季單期水稻區；一小區為秋冬乾燥季甘蔗區；另一區為雜作區。
 上述說明引自：孫鐵齋，〈臺灣嘉南大圳輪作制度之初步研究〉，《臺灣銀行季刊》，8（3）（1956），頁 164。

水稻、甘蔗輪流灌溉，雜糧不給予灌溉水。因此形成稻米、甘蔗及雜糧三種作物，受到灌溉水的限制，必須輪流栽植。如此透過給水的管制，自然可以確保有一區的甘蔗收成。[69] 但實際上，後來政府未在大寮圳灌溉區實行三年輪作制度。[70]

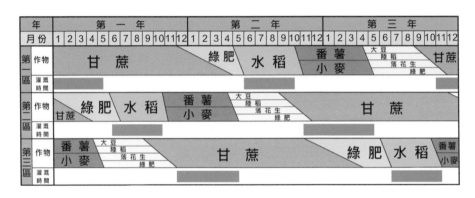

圖 3-3-3　嘉南大圳灌溉區的三年輪作制

資料來源：孫鐵齋，〈臺灣嘉南大圳輪作制度之初步研究〉，頁 165。陳正美，《嘉南大圳與八田與一》（臺北：行政院農業委員會，2005）。

大寮圳通水後，促使大寮平原的水田化，灌溉區有三分之二的面積，可以稻作兩穫，農民無不欣喜。對於新興製糖會社而言，雖然對原料採取區域帶來穩定的供水，增加甘蔗的產量，但在「原料採取區域制度」下，工場並非強制規定農民必須為工場種植甘蔗，而是確保工場取得原料的穩定，所以原料區內的農民仍保有轉作的自由，[71] 由

69　川野重任著，林英彥譯，《日據時代臺灣米穀經濟論》臺灣研究叢刊第一〇二種（臺北：臺灣銀行經濟研究室，1969），頁 102。

70　田野調查（2013 年 1 月 15 日）於上寮里大隆宮訪問簡先生（91）所得。

71　柯志明，《米糖相剋：日本殖民主義下臺灣的發展與從屬》（臺北：群學，2006），頁 130。

於臺灣的氣候條件讓稻米和甘蔗轉作容易，[72] 因此在大寮圳通水後，原料區內的農民漸趨向轉種水稻，相對地讓新興製糖會社擔憂原料供應的不穩定，影響蔗糖的壓榨量。

於是新興製糖會社除了擁有自營農場，採大規模地種植甘蔗外，並且為了確保原料區的甘蔗供應穩定，不受到原料區的農民轉作水稻，影響工場取得原料的困難。因此新興製糖會社以三種方式，[73] 來抑制灌溉區農民轉作水稻的趨勢：

1. **補助金**：工場以補助的方式吸引農民種蔗，而工場補助的內容有灌溉用水、綠肥（田菁）與肥料。[74]

2. **租地給農民**：工場向民間購買土地，然後再將土地承租給農民種植甘蔗。

3. **契作甘蔗**：工場和農民簽訂契約，而農民必須依照契約規定，為工場種植甘蔗，並在甘蔗收成後，交給工場去壓榨蔗糖。

新興製糖會社以上述三種方式，鼓勵灌溉區境內的農民為工場種植甘蔗，以確保工場在取得原料上的穩定。然而一般甘蔗的生長期需要一年半的時間，生長期較長。而大寮平原上的甘蔗，一般於「四月冬」一期稻作收穫後，於 6 月栽植，經過一年半的生長期，至第二年 11 月時才能收成（圖 3-3-4），然後甘蔗收成後，便透過大寮平原上的糖業鐵路運送至工場進行壓榨。

72　柯志明，《米糖相剋：日本殖民主義下臺灣的發展與從屬》，頁 130。

73　田野調查（2012 年 9 月 9 日）於上寮里大隆宮訪問簡先生（90）所得。

74　田野調查（2012 年 9 月 9 日）於上寮里大隆宮訪問簡先生（90）所得。簡先生表示，日治時期農家使用的肥料，除了利用堆肥作為肥料的來源，另外也使用化學肥料，如尿素、石灰、硫酸等。

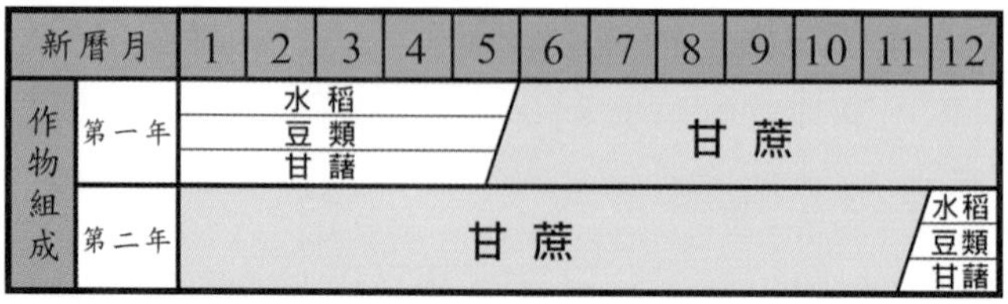

新曆月		1	2	3	4	5	6	7	8	9	10	11	12
作物組成	第一年	水稻 豆類 甘藷				甘蔗							
	第二年	甘蔗									水稻 豆類 甘藷		

圖 3-3-4　甘蔗的生長時序
資料來源：田野調查（2012 年 9 月 9 日）：於上寮里大隆宮訪問簡先生（90）所得。

　　但因為甘蔗的生長時間長，需要一年半的時間才能收成。在「原料採取區域制度」的規定下，工場原料區的農民有米、蔗轉作的自由。新興製糖會社憂心，在大寮圳通水後，原料區的農民趨於轉作水稻，而放棄種植甘蔗。換言之，當大寮平原水田化後，原本平原上以蔗田為主的農地，在得水圳灌溉後，農民便轉作水稻，導致原料區的蔗田面積和甘蔗收成產量下降，增加工場取得原料的難度。[75]

　　有鑑於此，新興製糖會社為避免大寮圳通水後，原料區水田化而減少甘蔗的收成。於是在昭和 7 年（1932），新興製糖原料主任白崎氏至臺中州考察當地「糊仔甘蔗」的栽種情形，然後引進至新興製糖的蔗作區，並於昭和 8 年（1933）年初，在大寮庄的大寮、芎蕉腳、翁公園等地進行「糊仔甘蔗」的試驗栽種，結果試驗成功，得到 18 萬斤的收穫量，吸引鄰近的臺灣製糖株式會社前來考察。[76]

75　作者不詳，〈耕地の集約的利用と糊仔甘蔗の特色〉，《糖業》，（289）（1937），頁 40。
76　作者不詳，〈耕地の集約的利用と糊仔甘蔗の特色〉，頁 40。

　　「糊仔甘蔗」以臺語俗稱為「黏糊仔」，[77] 意即用水田的泥土糊上蔗苗，然後在第一期「四月冬」稻作的第三次除草後，約 3 月上旬時，[78] 以間作的方式，在水田裡於每五排稻種間，栽植糊上泥土的蔗苗。等到水稻收割後，甘蔗也已經長高，農民再將每一排甘蔗兩旁的泥土，向甘蔗植株堆高，防止日漸長高的甘蔗，因植株太高但根基不穩而倒伏（圖 3-3-5）。[79]

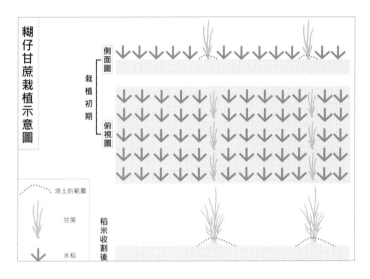

圖 3-3-5　糊仔甘蔗栽培示意圖
資料來源：田野調查（2013 年 1 月 15 日）：於上寮里大隆宮訪問簡先生（90）所得。
參考：吳育臻，〈臺灣糖業「米糖相剋」問題的空間差異（1895-1954）〉（臺北：國立臺灣師範大學地理學系博士論文，2003），頁 70。

77　田野調查（2013 年 1 月 15 日）：於上寮里大隆宮訪問簡先生（91）所得。
78　陳在河，〈一期糊仔甘蔗栽培に就て〉，《臺灣農會報》，（10）（1943），頁34。
79　田野調查（2013 年 1 月 15 日）：於上寮里大隆宮訪問簡先生（90）所得。

　　新興製糖會社引進「糊仔甘蔗」的栽培方式，在一期稻作期間種植，從昭和 10 年（1935）的 30 甲的栽培面積，到昭和 15 年（1940）的 409 甲面積，[80] 增加約 370 餘甲的面積。由此可見，「糊仔甘蔗」於新興製糖會社原料區的栽培成效良好，大寮平原亦然，並為工場增加甘蔗的採收量。

　　再者，利用「糊仔甘蔗」的栽培方式，其好處有二，一是一般甘蔗的生長期需要一年半的時間，而利用「黏糊仔」的方法，以間作的方式栽植於第一期（四月冬）水田，提早甘蔗的栽植時間，而且「糊仔甘蔗」只需要一年的生長期，因此可以提早半年收成，並提高單位面積的收穫量。[81] 另一個好處是，可以節省在水稻收割後，需花費每甲約 30 圓的整地費。[82]

　　綜上所述，大寮圳通水後，促使大寮平原的水田化，讓灌溉區境內的農民轉向種植水稻。又因為大寮圳灌溉區範圍同於新興製糖會社的原料採取區，所以製糖會社即擔心土地水田化後，造成水田和蔗園的競爭。於是會社透過補助等方式吸引農民為工場種植甘蔗，並且從臺中州引進「糊仔甘蔗」的栽培方式，以維持工場取得蔗作原料的穩定，和增加甘蔗的採收量，而不受到土地水田化的影響。換言之，農民可以栽植水稻，工場也藉由「糊仔甘蔗」的栽培方式，除了縮短甘蔗的生長期，也能在水田區獲得甘蔗，是兩者其美和折衷的結果。要言之，透過「糊仔甘蔗」栽培方式，避免稻米和甘蔗的作物衝突而競爭田地。[83]

80　陳在河，〈一期糊仔甘蔗栽培に就て〉，頁 34。
81　田野調查（2013 年 1 月 15 日）：於上寮里大隆宮訪問簡先生（91）所得。
82　吳育臻，〈臺灣糖業「米糖相剋」問題的空間差異（1895-1954）〉，頁 66。
83　國立編譯館主編，王啟柱編著，《蔗作學》（臺北：國立編譯館，1979），頁 515。

（二）自營農場

　　新興製糖會社除了有大寮平原一帶的原料採取區，還有位於靠近下淡水溪沿岸一帶，由北至南分別是「翁公園」、「大寮」以及「潮州寮」[84] 三座自營農場。農場屬於新興製糖會社所有，農場內全面種植甘蔗，做為供應工場壓榨蔗糖的原料。

　　在三座農場的灌溉用水方面，除了以大寮圳灌溉，又農場面積和規模大，僅以大寮圳做為唯一的灌溉水來源是不夠的，因此工場在農場境內開鑿深井，並安裝抽水機[85]（表 3-3-3），以抽地下水的方式來灌溉農場地，補充農場的灌溉水源。

表 3-3-3　新興製糖自營農場的抽水機

製糖所名	機型	臺數	馬力	動力	備考
新興製糖	小型唧筒（可搬式）	18	83.0	電力	自作農場

整理自：高雄州，《高雄州產業調查會農業部資料　上》（1936），頁 429。

　　綜上所述，大寮圳通水後，促使平原水田化，但對於新興製糖會社而言，因為灌溉區的範圍和工場的原料採取區重疊，加上土地水田化後，原本植蔗的農民轉向種植水稻，所以工場擔心原料區的蔗作面積減少，並影響工場取得原料的難度，於是新興製糖藉由補助等方式

84　田野調查（2013 年 1 月 15 日）於上寮里大隆宮訪問簡先生（91）所得。據簡先生表示，潮州寮農場的面積有 180 甲。

85　田野調查（2013 年 1 月 15 日）於上寮里大隆宮訪問簡先生（91）所得。據簡先生所述，當時農場除了用大寮圳灌溉外，也有開鑿深井，並利用以「臭油（番仔油）」為燃料的「臭油車」，抽地下水灌溉農場地。

吸引農民為工場種植甘蔗，以及在水田區以「黏糊仔」的方式種植甘蔗，除縮短甘蔗的生長期，也增加甘蔗的收成量，以維持原料供應的穩定，不受到水田化的影響，進而創造工場和農民雙贏的結果。

四、農地經營與用水關係

雖然大寮平原得大寮圳的灌溉，促使土地水田化，可以行兩期稻作，水田與旱田的面積皆增加，但因為大寮圳灌溉區和新興製糖會社的原料採取區重疊，製糖工場積極地鼓勵農民栽植甘蔗，以及受到灌溉區水頭和水尾的空間差異的影響，所以大寮平原在大寮圳通水後，灌溉區境內仍以旱田為主要的農地經營方式（圖3-3-6）。

在農地經營方面，農地普遍必須依賴大寮圳的灌溉，但受到灌溉區的水頭和水尾空間差異，農地會因得到的圳水多寡，形成水田和旱田的空間差異。除了農地經營必須依賴大寮圳的灌溉，當農民使用或協助維護水圳時，也聯繫農民的人際關係。

一般而言，有使用圳水灌溉田園者，農民必須定期向水利組合繳交水租。據此，使用圳水灌溉和繳交水租者，為當然的水利組合會員。基本上大寮圳的經營和維護是由水利組合負責的，但在一般田園旁的小給水路，是由農民們共同負責清理和維護圳溝，工作內容有清除圳溝裡的汙泥，以及清除圳壁上的雜草，稱為「義務勞動」或「共同勞動」。

大寮圳在「輪水番」時期，組合員會負責開關圳路的水門，農民必須遵守「輪水番」的規定，配合水利組合訂定的時間來灌溉田園，不得私自開關水門。在實施「輪水番」時，因為是「分區」和「分時」的輪流灌溉，所以在灌溉區裡偶有上、下游爭相用水時引發的搶水或盜水等衝突，此時需要組合員出面調解農民之間的用水衝突。

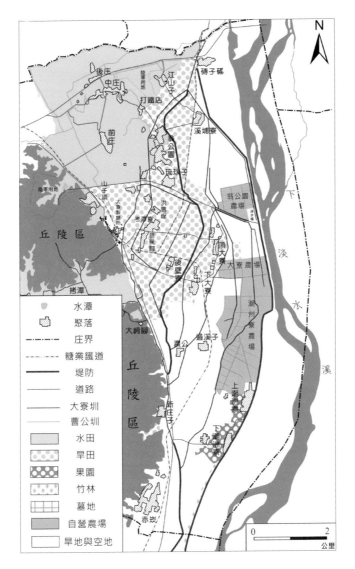

圖 3-3-6　大寮圳通水後灌溉區的農地型態

資料來源：大日本帝國陸地測量部，《二萬五千分之一臺灣地形圖》（1921-1928 調製）。

說明：本圖的原圖圖幅包含〈九曲堂〉與〈仙公廟〉。昭和 3 年（1928）測圖，昭和 17 年（1942）修測，昭和 20 年（1945）臺灣軍司令部複製。

在大寮圳的水利事業經營上，一直以來是由曹公水利組合負責管理和經營，但在昭和 15 年（1940），政府為更有效地合理分配水資源，公布「臺灣水利臨時調整令」，[86] 因此曹公水利組合和楠梓水利組合合併為「高雄水利組合」。[87] 後來在昭和 19 年（1944）4 月，進一步將「高雄水利組合」和鄰近地區的「旗山水利組合」、「枋寮水利組合」、「屏潮水利組合」、「東港水利組合」及「恆春水利組合」，整併為「高雄州水利組合」。[88]

在工場蔗作區方面，日治末期受到戰時體制的影響，政府採取統制經濟，昭和 16 年（1941）9 月新興製糖會社與臺灣製糖株式會社合併，原本位於大寮庄山子頂的製糖工場，被改為臺灣製糖會社的「大寮製糖所」。[89] 昭和 18 年（1943）廢除大寮製糖所，並廢止大寮製糖所的原料採取區域，[90] 將原料區編入臺灣製糖會社位於小港庄的「後壁林製糖所」，[91] 另三個「翁公園」、「大寮」及「潮州寮」自營農場，[92]

86　黃雯娟，《宜蘭縣水利發展史》，頁 125。

87　《臺灣總督府官報》第 426 號（1943 年 9 月 2 日），臺北：臺灣總督府。

88　臺灣銀行金融研究室編印，惜遺著，〈臺灣水利之問題〉，頁 79-81。

89　〈臺糖の新興糖吸收合併　きのふ事務引繼完了　新名は大寮製糖所・所長に杉田氏〉，《臺灣日日新報》（1941 年 9 月 7 日），第 2 版。

90　〈大寮製糖所原料採取區域失效〉，《臺灣總督府官報》第 501 號（1943 年 12 月 3 日），臺北：臺灣總督府。

91　〈後壁林及旗尾製糖所原料採取區域追加指定〉，《臺灣總督府官報》第 501 號（1943 年 12 月 3 日），臺北：臺灣總督府。「後壁林製糖所」為現今高雄市小港區的「小港糖廠」，即「臺灣糖業公司砂糖事業部小港廠」。

92　田野調查（2012 年 9 月 24 日）於上寮里大隆宮訪問簡先生（90）所得。據簡先生表示，日本時代末期的潮州寮農場，有部分土地做為陸軍軍事物資的儲藏地。

則由臺灣製糖會社的「阿緱製糖所」接管經營。[93]

日治末期，受太平洋戰爭的影響，美軍開始空襲臺灣，大寮平原上空常有美軍飛機經過，[94] 農民為自身安全及躲避空襲，幾乎被迫停止農事活動。昭和 19 年（1944）10 月，後壁林製糖所遭美軍空襲，毀損嚴重，以致無法開工運作，[95] 於是農場的甘蔗無法採收。此時有些居住在農場附近的居民，會割取農場裡的甘蔗，曬乾後做為家用燃料。[96]

第四節　小結

大正 10 年（1921）築堤後，大正 13 年（1924）政府即派員實測設計大寮圳，期間處理土地和工事費等問題，後來受經濟不景氣影響導致工事費增加，引發輿論爭議。但最後由政府資助下，交由曹公水利組合負責工事，於昭和 8 年（1933）竣工通水。

大寮圳通水後，大寮平原上二千甲的土地得水圳灌溉，促使旱田得以水田化，民有水田增加近六百甲。可行兩期稻作者，增加二百餘

93　社團法人臺灣糖業文化編輯委員會，《臺灣製糖株式會社歷史圖說集》，頁 159。

94　田野調查（2012 年 9 月 24 日）於上寮里大隆宮訪問簡先生（90）所得。簡先生表示，日本時代末期，美軍開始轟炸臺灣，大寮庄本地也遭受空襲。當時下淡水溪沿岸的溪埔地盛產大西瓜，因為綠色表皮的西瓜，與日軍軍服的顏色雷同，且圓形的西瓜貌似日軍的頭顱，所以在上空的美軍飛機誤判日軍在河邊的溪埔地躲藏，故轟炸瓜田。

95　臺糖 60 週年慶籌備委員會編輯組，《臺灣六十週年慶紀念專刊──臺灣糖業之演進與再生》（臺南：臺灣糖業股份有限公司，2006），頁 239。

96　田野調查（2013 年 4 月 2 日）：於過溪里訪問洪女士（90）所得。

甲。其中有八百甲是新興製糖會社的土地，工場以補助金，與收購民有地再轉租農民的方式，鼓勵原料區內的農民種植甘蔗，所以水田化的範圍仍多種植甘蔗。

另一方面，新興製糖會社憂心大寮庄平原水田化後，對於工場取得蔗作原料的難度提升，促使水田與蔗田間的對抗。於是在大寮、翁公園、芎蕉腳等地進行栽植試驗，成效良好。從昭和 11 年至 16 年（1936-1941）間，農民於第一期稻作期間栽植「糊仔甘蔗」的面積從最初的 30 甲，成長至 409 甲。

雖然大寮圳全面灌溉平原地區，但仍有圳水不足的狀況，因此實行「輪水番」輪灌制度，以兩、三天進行輪灌。新興製糖會社因為擔憂圳水不足，所以在自營農場內自鑿水井，以臭油車抽地下水灌溉。

縱使大寮圳實行輪番灌溉，但因為灌溉水源有限，並且灌溉區由北至南沿圳的田園都需要圳水的灌溉，所以播種插秧的需水灌溉時期，容易發生搶水等衝突。再者，在大寮圳灌溉區，因為當圳路從北流到南邊時，沿圳田園爭相引水灌溉後，而當圳水到達南邊時，圳水已漸缺乏，所以逐漸地灌溉區形成「水頭」和「水尾」的空間。

除此之外，因為農民必須依賴圳水灌溉，以經營農地，但灌溉區的許多農地都需要用水，偶有搶水或盜水等衝突發生。或是在極須用水灌溉時期，位於水尾地區的農民會一同在半夜至水頭「破水」，拆除圳道的障礙物，讓圳水流動順暢。還有農民除了忙於農事，也要行使「義務勞動」，一同清理和維護田間的圳溝。據此，農民們也因為「水」逐漸形成緊密的社會關係。

第四章 戰後大寮圳灌溉區農地經營的變化（1945-2012）

日治時期，臺灣總督府重視稻米和甘蔗，為尋求糧食增產，透過實施治水和護岸工事，還有興築灌溉排水設施，積極地開發邊際土地，成為可以耕作的土地。因此大寮平原從原本容易遭受下淡水溪氾濫的邊際土地，在護岸工事與大寮圳灌溉排水工事的興築後，成為環境穩定，以及可以種植稻米和甘蔗等作物的農業環境。

戰後，由中華民國政府治理臺灣。戰後初期大寮平原的農地經營和日治時期相去不遠，但在大寮圳灌溉區方面，日治末期由「高雄州水利組合」經營管理，到戰後初期，政府接收日治時期的各地區的水利事業和水利組合，並且在不同階段進行水利組織的改組，時至今日，現在大寮圳灌溉區由「臺灣高雄農田水利會」[1] 的「大寮工作站」負責經營和維護。

然而大寮圳灌溉區的水利事業環境、農地經營的型態與環境，與用水的方式，也隨著戰後的經濟環境變遷產生變化。要言之，從戰後初期到至今，大寮圳灌溉區的農地經營和用水之間的關係，是如何轉變？據此，是本章要釐清的重點。

第一節 戰後初期農地經營與圳水供應的依賴（1945-1960）

戰後初期的大寮圳灌溉區之農地經營和用水，和日治末期的情形相去不遠。雖然大寮平原得大寮圳的灌溉，並實行輪番灌溉來試圖均勻地分配水源，灌溉大寮鄉的平原地區，但仍受到乾、濕季分明，和

---

1 民國 102 年（2013）1 月 1 日起，原本的「高雄農田水利會」，改稱為「臺灣高雄農田水利會」。

降水季節分配不均的自然環境影響，因此當乾季時，旱災和灌溉水不足的情形時有所聞（表4-1-1），對於大寮圳灌溉區和農地經營上，仍有一定程度的影響。

表4-1-1　戰後初期對於大寮鄉旱災和乏水灌溉的相關報導

日期	標題	報刊名	版次
民國42年7月19日	各地苦亢旱　稻禾枯欲死	聯合報	5
民國42年8月13日	大寮仁武鄉一帶，亟待引水灌溉，以利早稻插秧，高縣邀各界座談	臺灣民聲日報	5
民國44年3月2日	旱魃阻春耕　秧苗難下田 各地紛採輪流灌溉　多處水田改作雜糧	聯合報	5
民國52年4月30日	大寮林園麻豆等地　農田缺水情形嚴重 鄉農亟盼水利當局解決	聯合報	7

除此之外，在鑿井技術仍不發達的年代，大寮圳灌溉區境內，多數農地在經營上，仍必須依賴圳水。縱使大寮圳實行輪流灌溉，但圳水仍不足以充分灌溉平原，於是農田水利會要如何解決圳水仍然不足的困境？在農地經營上，農地是否仍受到灌溉區水頭和水尾地區的空間分布因素，呈現經營上的差異？再者，在農地經營必須依賴圳水的緊密關係下，農民的互動會因為灌溉用水而形成怎樣的互動？

另一方面，臺糖公司位於大寮平原上的蔗作區和農場，是承自原日治末期臺灣製糖會社後壁林製糖所的原料採取區，以及阿緱製糖所經營的自營農場。相對於一般民有農地面對圳水不足和上述的自然環境因素，糖廠要如何因應與克服？

　　據此，本節依據農地經營的類型和方式，主要分成「民有農地」和「臺糖公司蔗作區」兩大經營類型，再析分「民有農地」中的「水田」、「旱田」，以及利用水潭灌溉的「拷潭」。在「臺糖公司蔗作區」分成「原料採取區」和「臺糖農場」兩類。並根據上述分類，逐一理解各種農地形式的經營情形和田園的灌溉用水情形。

一、民有農地

　　大寮圳灌溉區的農地經營，受得到圳水多寡的關係，而在灌溉區形成水頭和水尾的空間差異，因此水頭地區得圳水較多，以「水田」為主，而水尾地區則得到的圳水較少，故以「旱田」為主。

　　另一方面，因為戰後臺灣經歷行政區的變遷和調整，所以原本大寮圳灌溉區在日治末期屬於高雄州鳳山郡大寮庄，到戰後變成高雄縣大寮鄉。日治時期大寮庄的庄界，大致與戰後的大寮鄉鄉界相符。換言之，若以戰後的村里界來對應日治時期大寮圳灌溉區的「水頭」和「水尾」，如表 4-1-2 和圖 4-1-1 所示。

（一）水田

　　灌溉區境內的水田，大致與和灌溉區的水頭範圍相符。因為水頭得到的圳水較多，所以農地經營主要以水田為主，栽植兩期的稻作，分別是「四月冬」和「十月冬」。當「十月冬」稻穀收割後，大寮圳斷水，停止供應灌溉水源。農民會在水圳斷水期間行冬季裡作，如種植豆類、蔬菜等短期作物，豆類以大豆為主。[2]

2　田野調查（2012 年 7 月）於翁公園訪問所得。因為大豆主要做為豬隻的飼料，所以臺語又稱「豬呷豆」。

表 4-1-2 戰後大寮圳灌溉區水頭和水尾地區的村里

時間		日治時期		民國
灌溉區	行政區	高雄州鳳山郡大寮庄		高雄縣大寮鄉
		大字	小字	村
大寮圳灌溉區	水頭	磚子磘	-	義和村 溪寮村 江山村
		翁公園	-	翁園村 琉球村 永芳村
		山子頂	-	-
		大寮	芎蕉腳 大寮	會社村 上寮村 大寮村 三隆村 內坑村
		拷潭	-	拷潭村
	水尾	赤崁	潮州寮 赤崁	潮寮村 會結村 過溪村

說明：

1. 就村里所在的緯度而言，「拷潭村」和「內坑村」大致和「大寮村」的緯度相當，而且兩村的部分範圍，在日治時期屬於「拷潭」大字的範圍，以水潭灌溉的水田為主。據此，本研究將「拷潭村」和「內坑村」兩村，劃歸在大寮圳灌溉區的水頭。並且本要點的討論，及後續的章節論述中所提及的「拷潭」，皆指涉鳳山丘陵內谷地的水田區，即日治時期大寮庄的「拷潭」大字。

2. 戰後所列出的村名，是僅有受到大寮圳灌溉的村里。

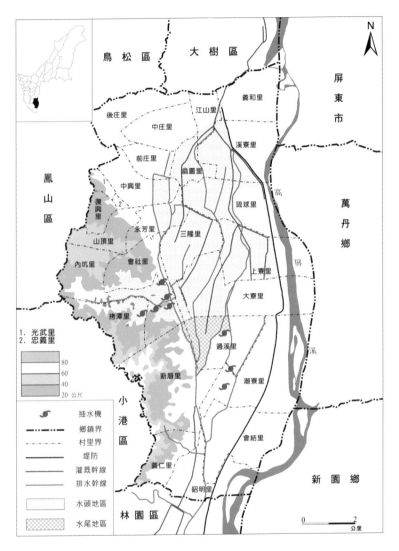

圖 4-1-1　戰後大寮圳灌溉區水頭和水尾的空間分布

資料來源：內政部，《高雄縣大寮鄉行政區域圖》（臺北：內政部，2005）。高雄農田水利會大寮工作站，《高雄農田水利會大寮工作站灌溉排水系統圖》。

說明：1. 灌溉區範圍由戰後的高雄農田水利會大寮工作站劃定。

　　　2. 水頭與水尾的範圍，為田野調查訪問所得。

　　　3. 由於戰後水利設施的改善與抽水技術的進步，故水尾範圍縮小。

（二）旱田

旱田主要集中在水尾地區，即過溪村、潮寮村和會結村方面。一方面水尾地區位在大寮圳末端，當圳水從水頭的義和村，由北至南一路流向南邊的潮寮村和過溪村一帶，因為圳路沿途都有田園需要圳水灌溉，所以當圳水流經大寮平原的南邊，即過溪村和潮寮村一帶，得到的圳水已經不足以灌溉田園。另一方面，水尾地區的土壤含砂量高，土地不容易留住灌溉水源，因此必須經常灌溉田園。

然而在鑿井技術不普及的年代，水尾地區一帶的農民無法克服先天自然環境，和人為的水利環境空間的限制，僅能被動地「適地適種」。因此水尾地區的主要栽植甘蔗、甘藷、落花生、香蕉和白蘿蔔等作物。其中白蘿蔔主要集中在過溪村，有「菜頭庄」之稱，村內有專門製作的菜脯的「菜脯間」。因為「剖菜脯」需要大量的勞力，所以有來自嘉義的人到過溪村的「菜脯間」幫忙「剖菜脯」。

除此之外，水尾地區境內有橫跨大寮村、過溪村和潮寮村三村的臺糖潮州寮農場，場內全部種植供應糖廠製糖的甘蔗。

（三）拷潭

拷潭境內的田園，[3] 主要以水潭蓄積雨季的降水和山間逕流，做為田園的灌溉水源，以水田的經營型態為主，但在日治昭和 15 年（1940）被劃進曹公水利組合的事業經營範圍。

---

3 戰後，原本在日治時期的大寮庄的「拷潭」大字，被分為「拷潭村」和「內坑村」兩個行政區，但大寮鄉的居民仍以「拷潭」泛指「拷潭村」和「內坑村」兩個村，即鳳山丘陵裡的谷地。據此，本要點的討論，和後續章節論述提及的「拷潭」，皆指涉鳳山丘陵裡的谷地。

　　雖然拷潭一帶地勢相對於大寮平原而言，但又因位於鳳山丘陵內的谷地，所以地勢較高些，所以平原的居民會將拷潭一帶的農田稱作「山田仔」，意即位於（鳳山丘陵）山上的田。

　　在日治昭和 15 年（1940）拷潭尚未被納入大寮圳灌溉區的範圍以前，山田仔不屬於大寮圳的灌溉範圍，但因為境內有地勢低窪的窪地，可以蓄積雨季降水和山間的逕流，形成大小不一的水潭。於是農民會在自家田園邊架設水車，以雙腳踩踏水車的方式，引水潭的水至地勢較高的田園灌溉。因為有穩定的水源可供灌溉，所以拷潭的農民可以栽種「四月冬」的水稻，一般在新曆 11 月栽種，至來年新曆 4 月的清明前夕收穫，為臺灣南部最早收穫的一期稻作。

　　從戰後初期的報導，對於拷潭村的一期稻作的栽培環境有整體的描述，並且也安裝抽水機，以提升和補助拷潭一帶田園的灌溉水源：[4]

> 中國農村復興委員會駐臺吳泰德（美籍），與高雄糧食事務所涂所長，於本（月）二十五日下午一時同往大寮鄉拷潭村勘查，該村早稻一百多甲均在出穗，予定乙個月後即可能收穫，<u>聞該村之早稻已自日治時代聞可冠全國，据林鄉長語記者，拷潭村是在山坡上，四周有山圍繞，前均係單季看天田，用了人工的改良，由山下設置抽水機，抽水送上，且四圍山上每逢雨季即把山上肥料流下來，所以土質肥沃，氣候溫和，對於稻苗發育甚速，每甲收量均有一萬公斤左右，据稱，如中國農復會准許補助再設置抽水機一座，即可改良看天田四十余甲，每期增收廿四萬公斤以上之可能</u>，現在正計劃向該會辦理申請補助手續云。

4　〈大寮鄉拷潭村　早稻均在出穗〉，《民聲日報》（1950 年 3 月 28 日），第 5 版。

　　從上述報導可知，拷潭一帶的一期稻作，是臺灣南部自日治時期有名且最早收穫的一期稻。雖然水潭可以蓄水，但在乾季時容易因缺少降水，而缺水或甚至乾涸，灌溉範圍仍是有限，因此當地仍有四十餘甲的看天田。[5] 雖然山下已有抽水機補注拷潭的灌溉水源，但仍嫌有不足，因此透過農復會的補助，再裝設一臺抽水機，對於拷潭一帶的田園補助灌溉水源。

二、臺糖公司蔗作區

　　戰後，原本在日治末期屬於臺灣製糖株式會社「後壁林製糖所」，位在大寮平原的原料採取區，和「翁公園」、「大寮」與「潮州寮」三座自營農場，皆轉由臺灣糖業公司接收，繼續栽植甘蔗，壓榨生產蔗糖等業務。

　　民國 35 年（1936）5 月 1 日，臺灣糖業公司成立後，接收日資臺灣製糖會社的一切資產。同年 7 月 1 日，由臺糖的第二分公司——「屏東分公司」接收「後壁林製糖所」，並改為「後壁林糖廠」。[6]

5　「看天田」是指在臺灣利用一年一次雨季降水做為田園唯一的灌溉水源。每年 6 月至 10 月間，臺灣南部的農民會利用雨水降水做為灌溉水源，勉強種植一次水稻。當水稻收穫後，土壤乾燥，表土下層形成堅磬，犁起困難，而表土下層的堅磬讓雨水不易下滲至土壤深層，阻礙地下水上升，水分循環不良，不利作物的根系生長，因此土地無法再耕種利用。參考自：吳育臻，〈臺灣糖業「米糖相剋」問題的空間差異（1895-1954）〉，頁 67。澀谷紀三郎，〈看天田に關する研究〉，《臺灣農事報》，（119）（1916），頁 20-21。

6　臺灣糖業股份有限公司編印，《臺糖三十年發展史》（臺北：臺灣糖業股份有限公司，1976），頁 689。

民國 39 年（1950）10 月，臺糖公司由「分公司制」改為「總廠制」，而「後壁林糖廠」則改稱為「小港糖廠」，隸屬於「屏東總廠」。[7] 因此大寮平原上的蔗作區則屬於臺糖公司屏東總廠的小港糖廠。[8]

（一）原料採取區

戰後的大寮平原除了栽植稻米外，甘蔗也是主要的作物。除了種植一般食用的「紅甘蔗」，還有提供給糖廠作為壓榨原料的「白甘蔗」。但戰後初期的民國 40 至 50 年代（1950s-1960s）的統計資料可發現（表 4-1-3），就大寮鄉整體的農業概況而言，甘蔗的種植面積相對於其他作物而言，是低於水稻和甘藷許多，但仍維持一定的面積和產量，主要是來自於由臺糖公司經營的自營農場。[9]

大寮平原上在日治末期由於新興製糖會社的鼓勵和推廣，稻米和甘蔗為本地的兩大主要作物。並且工場也引進「糊仔甘蔗」的栽培方式，試圖防止大寮圳通水後，原料區的農民紛紛從甘蔗轉作水稻，企圖從水稻田中也能收穫甘蔗，增加工場的原料收成。

7　臺灣糖業股份有限公司編印，《臺糖三十年發展史》，頁 689。

8　到民國 55 年（1966）7 月 1 日，為配合臺糖公司精簡組織的政策，試辦「大廠制」，將小港糖廠合併於橋頭糖廠，並改稱「高雄糖廠第二工場」。隨即在隔年民國 56 年（1967）7 月 1 日，臺糖公司成立「高雄糖廠」，於是「高雄糖廠第二工場」又改回「小港糖廠」，隸屬於高雄總廠。直到民國 64 年（1975）6 月 1 日，臺糖公司撤銷高雄總廠，小港糖廠又再隸屬屏東總廠。引自：臺灣糖業股份有限公司編印，《臺糖三十年發展史》，頁 689-690。

9　陳文尚編撰，黃致誠撰稿，〈農業篇〉，《高雄縣產業》（高雄：高雄縣政府，1997），頁 27。

表 4-1-3　戰後初期大寮鄉的主要作物內容

時間	主要作物（面積（公頃）、百分比）					
民國 40 年 （**1951**）	稻	甘藷	綠肥	大豆	蔗	蔬菜
	3,855.51	1,989.80	1,218.65	810.00	616.24	410.50
	42.55 %	21.96 %	13.45 %	8.94 %	6.80 %	4.53 %
民國 50 年 （**1961**）	稻	甘藷	大豆	蔬菜	蔗	
	3,184.90	1,559.90	1,545.60	1,216.80	651.34	
	40.4 %	16.6 %	16.3 %	12.9 %	7.0 %	

引用並整理自：陳文尚編撰，黃致誠撰稿，〈農業篇〉，《高雄縣產業》（高雄：
高雄縣政府，1997），頁 28-29。
原始資料來源：高雄縣政府主計室，《高雄縣統計要覽》（高雄：高雄縣政府主
計室，1950-2010）。

　　戰後由臺糖公司接手經營日資的臺灣製糖會社的業務，仍然繼續
栽植甘蔗，並維持壓榨產糖等業務。然而，為什麼在民國 40 至 50 年
代（1950s-1960s）間，大寮鄉的水稻收穫佔總農產收穫的 40 %，而甘
蔗的產量只有約 7 % 上下，與蔬菜敬陪末座？其原因有二：

1. 原料區甘蔗收購制度的改變

　　日治時期，農民若種植甘蔗，必須依照「原料採取區域制度」的
規定，將自家田園所收穫的甘蔗，賣給指定的工場。雖然規定保障工
場原料取得來源的穩定，但因為工場可以操縱價格，而農民受制於規
定，只能讓指定的工場買收，無法賣給其他提供更好收購價格的工場。

　　「原料採取區域制度」仍保障原料區的農民有轉作的自由，但新
興製糖會社透過補助等方式鼓勵農民為工場種植甘蔗，以及從臺中州
引進「糊仔甘蔗」的栽培方式，並推廣至大寮平原上的農民，結果有
效地抑制大寮圳通水後的土地水田化，促使農民競相轉作水稻，而影
響工場的原料取得。

　　戰後大寮平原的蔗作區轉由臺糖公司接手經營。而對原料區甘蔗的收購方式，自民國 35-36 年（1946-1947）起，將日治時期的「甘蔗收購辦法」，改為「分糖制度」，[10] 來代替現價收買的方式，即糖廠不依照舊例收購原料甘蔗，而是根據實際的產糖率，將所生產的糖，分別以 48 % 歸於農民，52 % 歸於糖廠。[11] 農民所得的砂糖，再除以 1／20 付給實物供農民自用，其餘則依照評定價格折換現金，而評定價格則是由政府、民意機關、臺糖公司和農民代表所組成的評價委員會來決定的。[12] 換言之，蔗農將原料送至糖廠壓榨後，可分得定額的糖量，讓蔗農不僅是原料生產者，也同是砂糖銷售者。[13]

　　戰後初期，國民政府隨即面臨中國大陸的內戰，以及民國 50 年代（1960s）初期的韓戰，一連國際情勢的不穩定，造成米價和糖價的波動。再者，國際上其他的產糖國崛起，讓本國的糖業難以他國競爭，[14] 臺糖公司面臨考驗。但因為稻米屬於糧食作物，所以總體而言，稻米的價格仍優於糖價。因此影響農民種植甘蔗的意願，讓原料區栽植甘蔗的意願減少。據此，由表 4-1-3 呈現出民國 40 至 50 年（1950-1960）間的甘蔗種植面積和收成，遠低於水稻或甘藷許多。

2. 農民由甘蔗轉作水稻

　　戰後初期，受到國際情勢的影響與他國的競爭，讓臺灣的糖業發展面臨考驗。而糖價的波動和不穩定，有時甚至低於米價。對於以稻米做為主要糧食作物的臺灣，種植水稻是具有穩定的市場和供需來源。

10　臺灣糖業股份有限公司編印，《臺糖三十年發展史》，頁 47。
11　吳育臻，〈臺灣糖業「米糖相剋」問題的空間差異（1895-1954）〉，頁 159。
12　吳育臻，〈臺灣糖業「米糖相剋」問題的空間差異（1895-1954）〉，頁 159。
13　臺灣糖業股份有限公司編印，《臺糖三十年發展史》，頁 47。
14　吳育臻，〈臺灣糖業「米糖相剋」問題的空間差異（1895-1954）〉，頁 152。

從民國 42 年（1953）的報導，[15] 對於高雄地區的稻米和甘蔗的栽種概況，可以推論大寮鄉在民國 40 至 50 年（1950-1960）間，甘蔗的種植面積和產量不盛的原因：

「可改稻田<u>現時於糖價民們種提高</u>，興趣降低。記者在視察途中，<u>曾看到不少種蔗的田地，現已改種水稻，蔗田改作稻田，先決條件要看地有無水利。</u>就目前的情形看來，農民們，<u>祇要水利無問題，大有放棄種蔗而改種水稻的趨勢，這是高雄地區本年發現的一種新有的現象。</u>」[16]

「關於蔗田改為稻田的得失問題，殊雖遽下論斷，<u>砂糖為本省換取外匯的唯一大宗物資</u>，不過目前國際市場糖價一再跌落的今日，農民種蔗已無利可圖，至於食米不但價格優於砂糖，且亦可供輸出換取外匯，因此，<u>在富有水利適於種稻的田地，不妨鼓勵農民將蔗田改為稻田，藉以增加糧食生產。</u>」[17]

由戰後的報導對於高雄地區的米蔗栽植概況來看，並對照表 4-1-2 中，甘蔗和種植面積和產量，即可推論出，其實得大寮圳灌溉的大寮平原，由於在日治時期的新興製糖株式會社，積極地提供補助等方式來鼓勵農民種蔗，所以大寮平原仍維持一定的甘蔗栽植面積和產量。

但戰後的民國 40 至 50 年（1950-1960）間，大寮鄉整體的蔗作面積和產量卻遠低於稻米許多，甚至低於甘藷和大豆，蔗作減少現象主要是因為糖廠對於甘蔗的買收方式轉變，戰後的臺糖公司對於獎勵補

---

15 〈高雄早稻登場 預計可收穫十二萬公噸 結實豐碩病害均無影響〉，《聯合報》（1953 年 4 月 6 日），第 3 版。

16 〈高雄早稻登場 預計可收穫十二萬公噸 結實豐碩病害均無影響〉，第 3 版。

17 〈高雄早稻登場 預計可收穫十二萬公噸 結實豐碩病害均無影響〉，第 3 版。

助種植甘蔗，不同於日治時期的新興製糖會社來得積極。同時國際糖價的下跌，讓農民感到種甘蔗其實無利可圖，既然農地有大寮圳可以灌溉和種植水稻，而且水稻屬於糧食作物，可以一年兩穫，於是許多原本植蔗的農民漸轉作水稻。

（二）臺糖農場

雖然原料區的農民漸轉作水稻，讓民間的植蔗面積和產量減少，但臺糖在大寮平原的蔗作區有三座自營農場，所以仍維持一定的甘蔗栽植面積和產量。

戰後臺糖公司位於大寮鄉的自營農場，皆位於高屏溪堤防沿岸，由北而南分別是「翁公園農場」、「大寮農場」和「潮州寮農場」。場區全面種植甘蔗，提供糖廠壓榨的原料。但在民國 46 年（1957）7 月，配合臺糖公司的原料區域調整，將「翁公園農場」和「大寮農場」劃進屏東總廠。[18]

農場的灌溉水源，除了利用大寮圳來灌溉外，也自行在農場境內開鑿百米的深井，抽地下水來灌溉。因為甘蔗的生長環境，除了重視排水，也必須時常灌溉，但大寮圳的灌溉時間是配合第一期和第二期稻作來通水灌溉，所以必須時常灌溉的農場，無法配合水利會的灌溉時間，再者甘蔗種植面積大，甘蔗園也需要相當的灌溉水源，因此臺糖便自行開鑿深井，並安裝抽水馬達，抽取地下水灌溉農場。

自營農場內實行大規模的植蔗，做為供應糖廠壓榨生產蔗糖等原料。在栽植方面，農場對於甘蔗的栽植，有「宿根」、「春植」和「秋植」三種栽培方式。

18　臺灣糖業股份有限公司編印，《臺糖三十年發展史》，頁 697。

1. 宿根

「宿根」是農場主要的栽培方式，分成「一宿」和「二宿」兩種。即甘蔗收割後，留下蔗根，形同蔗苗繼續生長，等待第二輪的收成，是為「一宿」。然後待第二輪的甘蔗收成時，在收割時又保留蔗根繼續生長，待第三輪甘蔗收成時，即為「二宿」。但整體上，二宿甘蔗的糖分，不如一宿或是第一次收成的甘蔗來得好，所以農場頂多栽植「一宿」，即第二輪採收為止，然後重新栽植新的蔗苗。

2. 春植蔗

「春植蔗」是每年的 12 月底或 1 月底時，在農場整地之後栽種，一年後可收成。此時也是正值第一期稻作的播種插秧時期，即大寮圳通水的時間，所以農場在種植「春植蔗」時，也會利用大寮圳來灌溉。

3. 秋植蔗

「秋植蔗」於每年 7 月整地後栽植，至第二年的 12 月，或第三年的 1 月採收，生長期較長。秋植蔗有 12 月和 1 月的兩種採收時間，是根據糖廠開工的時間而定。基本上，糖廠大多會在 12 月底前就開工運作，所以在糖廠開工前就要採收甘蔗。在灌溉用水上，「秋植蔗」栽植正逢夏天的雨季，所以也會利用雨水灌溉。若缺乏雨水，則利用大寮圳灌溉。

大體上，糖廠主要以「宿根」為主。甘蔗收割後，糖廠會視當年的甘蔗產量，決定來年要行「春植蔗」或「秋植蔗」。甘蔗收割後的空檔，糖廠會將農場地租給當地農民，讓農民種植瓜果或蔬菜等短期作物。

　　綜上所述，戰後初期的大寮圳灌溉區，仍以稻米和甘蔗為主要的作物，而作為豬隻飼料的大豆也成為主要的作物之一。但受到國際局勢的影響，糖價明顯地受到波動，以及國際間的產糖競爭，皆讓農民有感於種蔗無利可圖，於是漸轉作水稻，讓水稻在戰後初期的栽種面積和產量遠高於甘蔗許多。雖然大寮平原仍還是有農民種植甘蔗，並且臺糖在境內擁有自營農場，實行大規模地植蔗，所以仍然維持著一定的甘蔗栽植面積和產量。

三、農地經營與灌溉用水的關係

　　戰後初期，雖然大寮圳灌溉區的農民漸從甘蔗轉種水稻，但水稻是重視灌溉的作物。因此，在播種插秧，以及亟需用水的的非常灌溉時期，縱使水利會實施「幹線」、「支線」，或「輪灌區」兩種方式，進行「三日制」與「五日制」的輪流灌溉，仍不足以全面灌溉大寮平原。此時水利會也繼續擴建大寮圳的水路，並在水尾地區安裝抽水機，試圖增加水尾的灌溉面積。

　　農地經營方面，灌溉水源的充足與否，直接影響土地的價值，以及能否種植水稻等其他作物。據此，有使用圳水灌溉的田園，農民必須向水利會繳交水租。每年的 6 月和 11 月，是水租的收費時間，水利會的人員會挨家挨戶到府收取水租。水租的計算方式與收費標準，是根據當年的稻穀收購價格為標準，並配合農田水利會所訂定的田園等級，共分為一至十等級（表 4-1-4），然後以每分地為單位的田園面積，向農民收取水租。換言之，等級越高的田地，因為得到較多的圳水來灌溉，所以收取水租相對也較高。即接近水頭的田園，因為得圳水較豐，所以相對地要繳交較多的水租。

表 4-1-4　高雄農田水利會灌溉等級標準表

耕作別	灌溉等級	釐訂灌溉等級適合條件	會費負擔率
兩期田	一等	兩期均能自然灌溉之田作土地。	間 100 % 直 100 %
	二等	1. 一期自然，另一期須由農民加工引水灌溉之土地。 2. 一等之土地如有缺水或浸漬之情形者。 3. 一等之土地如維持費繁重或無法分等級之埤圳區域者。 4. 一期種稻，一期養魚（非臨時性）之土地。	間 100 % 直 90 %
兩期田	三等甲	1. 兩期均須由農戶加工引水灌溉之田作土地。 2. 二等（1）之土地每年於中途必遭缺水情形者。 3. 二等之土地具有（2）（3）之情形者。	間 100 % 直 80 %
	三等乙	1. 農戶另有水源每期僅受水利會補給灌溉之兩期作土地。 2. 以本會水源混合泉水灌溉之土地。 3. 特殊浸漬地區。 4. 一期種稻另一期不能種稻而養魚者。	間 100 % 直 70 %
前單田	四等	自然灌溉之前單作土地。	間 90 % 直 60 %
	五等	1. 須由農戶加工引水灌溉之前單作土地。 2. 前單作土地每年於中途必遭缺水或浸漬者。	間 90 % 直 50 %
後單田	六等	自然灌溉之後單作土地。	間 80 % 直 50 %
	七等	1. 須由農戶加工引水灌溉之後單作土地。 2. 後單作土地每年於中途必遭缺水或浸漬者。	間 80 % 直 40 %
兩期畑	八等	兩期均能自然灌溉之畑。	間 90 % 直 40 %
	九等	高地及缺水等灌溉困難之兩期畑作地。	間 90 % 直 30 %
前單畑	十等甲	前單畑作地一律同等。	間 70 % 直 25 %

（續上頁）

耕作別	灌溉等級	釐訂灌溉等級適合條件	會費負擔率
後單畑	十等乙	後前單畑作地一律同等。	間 70 % 直 15 %
糖廠農場	上等	灌溉方面之蔗作地區。	間 100 % 直 70 %
	中等	以自設工程引用本會水源灌溉之蔗作地區。	間 90 % 直 50 %
	下等	1. 最困難灌溉之蔗作地。 2. 糖廠自有水源偶受水利會補給灌溉之蔗作地區。	間 80 % 直 30 %

引自：高雄農田水利會會誌編輯委員會，《臺灣省高雄農田水利會會誌（第二冊）》（高雄：高雄農田水利會，2008），頁 134。

說明：本表於民國 47 年（1958）7 月 9 日，本會第一屆第三次會員代表大會通過。臺灣省水利局 47.8.29 水政字第 29163 號令准施行。

　　大體上，從水利會訂定的田園等級而言，第一等至第三或四等的田園，屬於有水灌溉的農地，從第五、六等開始就逐漸缺水，甚或是無水灌溉。就大寮圳灌溉區而言，水田通常屬於一等田和二等田，甘蔗園方面為三等甲，而八等、九等多在乏水灌溉的水尾地區。於是在水尾地區方面，當地的田園得到的灌溉水較少，可能也有無水灌溉的情形，但農民還是要繳交水租，因此水尾地區的農民偶有不平之聲。

　　再者，農民除了忙於農事外，必定期繳交水租，同時也要參與清理和疏浚田間小給水路的工作，即「義務勞動」或「共同勞動」。一般而言，通常是水尾地區的農民先發起，然後鄰近灌溉渠道周圍的農民會自發性共同清理圳溝和拔除圳壁上雜草。沿圳田園的農民，約莫十餘人為一組，以每 300 公尺，或 400 到 500 公尺為一段的小給水路為負責的區段，而較大和較深的圳溝，如灌溉幹線等，則有水利會的「掌水工」負責清理疏圳。

　　戰後初期大寮圳的結構，大多仍是「土圳」的形式，即圳壁以「土」為結構，未施以「內面工」。當老鼠在土圳上活動，會在圳壁上鑽洞，或雜草在圳壁上生長，皆容易讓圳壁有孔隙，灌溉水滲漏，導致漏水造成灌溉效率不佳。

　　民國40至50年代（1950s-1960s）間，當適逢播種插秧的需水灌溉時期，水頭地區的農民常以堆疊「沙包」的方式來攔截灌溉水，藉此抬高水位，當地人以臺語稱為「攔大水」。位於水頭地區的農民之攔水的舉動，會讓圳水無法順暢地流到下游水尾地區。有鑑於此，水尾地區農民就會在半夜1點或2、3點間，到上游水的頭地區拆除圳道裡的障礙物，即臺語所稱的「破水」，以求灌溉水能順暢地流到下游水尾地區，讓田園能得圳水灌溉。[19]

　　一般在田園進行「引圳水灌溉」的工作時，農民以臺語稱之為「破水」。當農民在田園進行「破水」時，必須守在田邊，除了注意田園的灌溉狀況，也防止鄰近田園的農民趁機搶水或盜水灌溉。因此在輪番灌溉或缺水灌溉的時期，有時因為農民之間的個人恩怨，發生搶水或擋水的情事，此時水利會工作站的小組長就會出面調解。

　　在秧苗生長期間，也是圳水需水量較多的時候，水利會以「分區」和「分時」的方式實施「輪番灌溉」，但時有搶水和爭水的紛爭情事。然而用水衝突的產生，主要源自於在尚未實施「農地重劃」前，雖然農地皆在灌溉區境內得圳水灌溉，但因為圳路在日治時期是依照平原地勢興築，並非完全筆直，農地也呈現畸零狹小、彎曲不定的土

19　或者，也有位於灌溉區下游的農民會「組隊」一同在半夜至水圳上游拆除障礙物，以求圳水能順暢地流到下游地區。引自：陳國川編纂，許淑娟等撰述，《臺灣地名辭書　卷五　高雄縣　第二冊（下）》，頁533。

地坵塊，[20] 圳路也無法完全深入各家的農地，造成有些田地灌溉或排水困難，以致於在亟須用水灌溉的時期，偶有搶水或盜水的衝突。

再者，農路狹窄蜿蜒，未能直接鄰近各田園邊，有些地方的農民從事農事工作時，交通上必須直接穿越他人的農地，也會影響他人的農事工作或損壞地上作物。民國50年代（1960s）農村開始農業機械化，[21] 農用機械進入農地，逐步取代人力，因此必須要有寬廣和整齊劃一的農路，方便農業機具出入農地，也便利農產品的運輸。

據此，為了改善農地灌溉排水困難，以及農路缺乏所導致交通運輸不便等問題，大寮鄉從民國52年（1963）至民國58年（1969）期間，實施由臺灣省政府執行的「長期農地重劃頒佈實施方案」（表4-1-5），針對農村地區實施「農地重劃」，其實施的項目有：[22]

1. 擴大坵塊，發展農耕。
2. 調整坵形，節省田埂田地。
3. 耕地使用盡量集中。
4. 建立灌溉系統，適時適量給水。
5. 建立標準農路，便利田間交通。
6. 使自土坵均能直接灌溉，直接排水，直接臨路。
7. 確立農場規格，適應農業企業化。
8. 提供公共設施用地，以促進新農村之建設。

因此透過「農地重劃」的實施，讓重劃過後的大寮圳灌溉區農

---

20 陳文尚編撰，黃致誠撰稿，〈農業篇〉，頁128。
21 民國50年代（1960s）開始農業機械化，但大寮圳灌溉區的農事仍然以「人力」為主。
22 整理並引自：陳文尚編撰，黃致誠撰稿，〈農業篇〉，頁129。

地，成為秩序井然的格子狀農路和灌溉排水系統。[23] 原先各家田園是呈現零碎不完整的形式，政府藉由「以地換地」的方式，並重新整理和規劃原本零碎的土地，讓各家田園成為方整的土地，並且田園周圍都有農路和灌溉排水路，便利進行農事時的交通運輸，和有圳水可以灌溉，也不再有排水不良等問題，讓各家農地得到均等的經營環境。換言之，大寮圳灌溉區在民國50年代（1960s）實施「農地重劃」後，因為各家田園邊皆有灌溉水路可以引圳水灌溉，所以「搶水」、「盜水」等爭水衝突也隨之消失。

表 4-1-5 　大寮鄉農地重劃區的分布情形

鄉鎮市別	年度（民國）	重劃區名稱	面積（公頃）	地段別	備考
大寮鄉	52	潮州寮重劃區	215	潮洲寮段	大農區
	53	翁公園重劃區	121	翁公園段、潮州寮段	大農區
	55	大寮重劃區	172	赤崁潮州寮段、大寮段	大農區
	56	中庄重劃區	1,387	大寮段、山仔頂段、赤崁潮州寮山段、拷潭段、埤頂段、磚子磘、翁公園段	一般區
	58	大寮重劃區	1,972	大寮段、潮州寮段、山仔頂段、芎蕉腳段、赤崁段、磚子磘段、翁公園段	一般區

引用並整理自：陳文尚編撰，黃致誠撰稿，〈農業篇〉，頁 132。

說明：1.原始資料來自高雄縣政府重劃課。
　　　2.「一般區」指農家耕地。「大農區」指臺糖公司農地。

23　整理並引自：陳文尚編撰，黃致誠撰稿，〈農業篇〉，頁 129。

第二節　工業化後農地經營的變化與用水方式的轉變（1960-1990）

　　民國 50 年代（1960s）臺灣省政府於大寮圳灌溉區實行「農地重劃」後，讓灌溉區的農地皆有灌溉排水的圳路，還有方便通行和運輸的農路。因此，以往在亟需用水的播種期間，容易因為爭相使用圳水灌溉，引發「盜水」或「搶水」等用水衝突，在隨著整齊劃一的田園，以及清楚分明的圳路和農路的建立後，隨之消失。

　　再者，經濟環境的變遷對於產業部門的影響，農業漸趨衰退，工業逐漸發展，對於大寮圳灌溉區的農地經營和用水漸有影響與變化。民國 52 年（1963）臺灣的工業部門生產淨額達 28.1 %，首次凌駕於農業部門的 26.7 %。[24] 從民國 53 年（1964）開始，農業和工業的生產比重差距逐年擴大，至民國 78 年（1989）時，農業生產淨額降至 4.89 %，工業方面則高達 43.60 %。[25] 要言之，臺灣的工業化始自於民國 50 年代（1960s），至民國 70 年代（1980s）時，臺灣已進入工業化的社會。

　　承上述背景，大寮鄉的工業化進程，與臺灣工業化的發展大致相符。根據大寮鄉境內有效登記的工廠家數，從民國 54 年（1965）年的 32 家，至民國 69 年（1970）已成長至 325 家，[26] 增加三百餘家。到民

24　石再添主編，李薰楓撰文，〈八、經濟（二）——礦、工、商業〉，《臺灣地理概論》（臺北：臺灣中華書局，1991），頁 139。

25　石再添主編，李薰楓撰文，〈八、經濟（二）——礦、工、商業〉，頁 139。

26　整理自：高雄縣政府主計室，《高雄縣統計要覽》（高雄：高雄縣政府主計室，1950-2010））。

國 78 年（1989）已有 812 家，[27] 再增加五百餘家。大寮鄉境內的工廠急速增加的原因，主要源於民國 64 年（1975）大發工業區的設立，廠商逐漸進駐工業區。

據此，工業化後設立大發工業區，廠商開始進駐工業區，田園間也開始出現工廠，此時對於大寮圳灌溉的農地經營和用水有著怎麼樣的轉變？

一、水尾地區成為工廠用地

臺灣進入工業化後，農村人口逐漸外流，向都市集中。政府為了區域均衡發展和維持逐漸衰退的農村經濟，於是藉由一系列的經濟政策來平衡區域發展，其中一項政策，即是透過在都市外圍地區及交通便利之處，開闢工業區讓廠商進駐，期盼能留住農村人口，也帶動農村經濟的成長，以平衡區域的發展。[28]

據此，由經濟部工業局來執行政策，在民國 64 年（1975）間，由臺糖公司釋出潮州寮農場的大部分土地，並收購鄰近的部分民有土地，成立總面積達 374.1922 公頃的「大寮工業區」，後來更名為「大發工業區」，於民國 67 年（1978）底開發完成，[29] 並開始招商進駐，工業區鄰近高屏溪右岸，橫跨大寮村、過溪村和潮寮村，與大寮、上寮、過溪和潮寮相鄰（圖 4-2-1），並有臺 21 線等聯外道路，方便物資和產品的運輸。目前以金屬基本工業、機械設備製造修配業、金屬

27　整理自：高雄縣政府主計室，《高雄縣統計要覽》。

28　整陳文尚編撰，趙建雄撰稿，〈工業篇〉，《高雄縣產業》（高雄：高雄縣政府，1997），頁 398。

29　經濟部工業局大發（兼鳳山）工業區服務中心，〈工業區簡介下載〉。資料檢索日期：2013 年 7 月 8 日。網址：http://www.moeaidb.gov.tw/iphw/tafa/intro.pdf。

製品製造業，[30] 和石化工業等為主，目前已有六百餘家廠商進駐。[31]

　　但在民國 67 年（1978）大發工業區開發完成，與廠商進駐以前，大寮圳灌溉區境內已有少數工廠的存在。從圖 4-2-2 可見，民國 64 年（1975）時，工廠主要集中在灌溉區的南端，並沿著灌溉區西側在萊排水線的分布。因為沿著鳳山丘陵旁的在萊排水線，一旁為溝通鳳山市和林園鄉的鳳林路。換言之，工廠多集中在鳳林路兩側，因此工廠可透過南北向的鳳林路，將產品運往鳳山市和林園鄉等地。

　　民國 71 年（1982）大發工業區設立於灌溉區的南邊，並位於高屏溪堤防的西側。而沿著高屏溪堤防的是臺 21 線。因此工業區境內的工廠，即可透過臺 21 線運輸產品和所需原料。民國 77 年（1988）灌溉區境內的工廠仍然集中在水尾地區一帶，此時灌溉區的中部有少數的工廠出現，但有的工廠位置靠近灌溉渠道，而工廠將未經處理的廢水任意地排放至圳道，讓圳水逐漸受到汙染。[32] 到了民國 85 年（1996），水尾地區受到鄰近大發工業區的影響，過溪村一帶的工廠明顯增加許多。在灌溉區的中部，有許多工廠集中在大寮排水幹線兩側，水頭地區也有少數工廠的分布。大寮排水幹線以西一帶的土地，主要仍以農地利用為主。

30　經濟部工業局大發（兼鳳山）工業區服務中心，〈園區簡介〉。資料檢索日期：2013 年 7 月 8 日。網址：http://www.moeaidb.gov.tw/iphw/tafa/index.do?id=10。

31　經濟部工業局大發（兼鳳山）工業區服務中心，〈園區簡介〉。網址：http://www.moeaidb.gov.tw/iphw/tafa/index.do?id=10。

32　田野調查期間訪問所得，少數工廠設置在灌溉幹線附近，並且未建置良好的排水系統，任意將廢水排放至灌溉幹線。

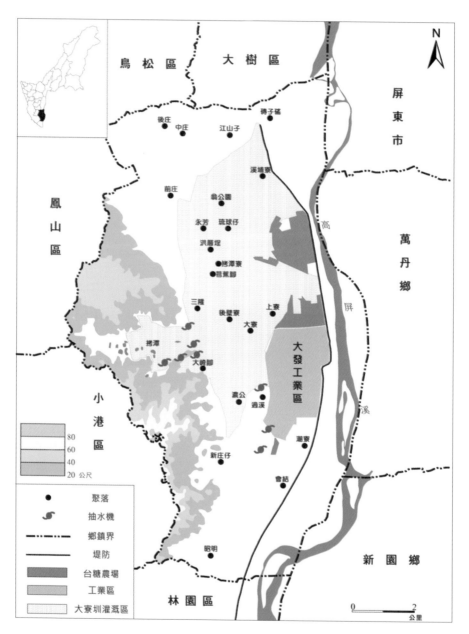

圖 4-2-1 大發工業區的位置

資料來源：內政部，《高雄縣大寮鄉行政區域圖》。

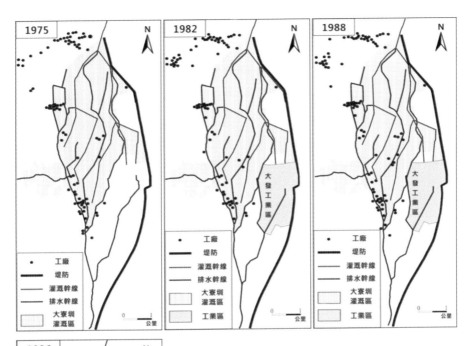

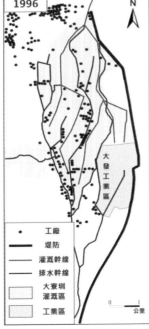

圖 4-2-2　大寮圳灌溉區境內的工廠分布（1975、
　　　　　1982、1988、1996）

資料來源：

1. 林務局農林航空測量隊，《五千分之一中華民國
　臺灣地區像片基本圖　（第一版）》（1975）。
2. 林務局農林航空測量隊，《五千分之一中華民國
　臺灣地區像片基本圖　（第二版）》（1982）。
3. 林務局農林航空測量隊，《五千分之一中華民國
　臺灣地區像片基本圖　（第三版）》（1988）。
4. 林務局農林航空測量隊，《五千分之一中華民國
　臺灣地區像片基本圖　（第四版）》（1996）。

　　要言之，大發工業區的範圍橫跨大寮村、過溪村和潮寮村三個村，除了為鄰近聚落與農地帶來汙染，影響居民生活和環境品質，並且對於灌溉區的農地經營和用水影響甚大。工業區為鄰近的地方帶來發展，但卻對附近農地帶來空氣污染，影響農作物的生長，並且工業區位於大寮圳灌溉區境內，所以也截斷流往水尾地區的圳水。於是約在 30 年前，水尾地區的農地漸無圳水可用。因此農民逐漸放棄圳水灌溉，轉而尋求其他方式取得水源灌溉田園。

二、地下鑿井技術的發展和普及

　　過去大寮平原在無水圳灌溉時，除了少數的農民會自行開鑿約一丈深的水井，以「吊猗」的方式取地下水灌溉田園，大部分田園屬於依賴雨季降水來灌溉的「看天田」。日治昭和 8 年（1933）大寮圳通水後，促使平原水田化，田園也依賴水圳灌溉。新興製糖會社有足夠的資金和技術可以鑿井和購置馬達來抽下水灌溉自營農場，但一般農民都必須依賴圳水灌溉田園。

　　大寮圳由北至南沿路灌溉田園，但因為田園皆需要圳水灌溉，並且受到圳路距離源頭遠近的影響，所以在灌溉區逐漸形成「水頭」和「水尾」的空間，也讓兩空間的農地經營方式不同，成為「水頭」以「水田」為主，而「水尾」則以「旱田」為主。

　　過去受限於鑿井技術和工程費用昂貴等因素，除了具有相當資金和技術的糖廠會自行於農場開鑿深井外，一般農民則無力負擔昂貴的工程費用來自行鑿井取水，所以無法獨立克服灌溉區環境的空間因素，只能「因地制宜」。

民國 48 年（1959），在高屏溪對岸的屏東平原一帶，當地普遍由鑿井工人，輔以鐵管，以人力的方式，合力地一支接一支抽拉著鐵管，開鑿三丈深（約 10 公尺）淺井的技術，傳至潮州寮一帶。[33] 有力負擔的農民會裝設「臭油車」來抽水灌溉田園；較無力負擔者，則以「吊猗」取水灌溉。農民藉由技術克服環境上的障礙，獲得穩定的水源，田園得以充分灌溉，可以種植水稻。換言之，民國 48 年（1959）屏東平原鑿井技術普及，位於水尾地區的潮州寮一帶，農民透過鑿井以取得穩定的灌溉水源，不必再依賴水量不穩定的圳水來灌溉，即可以種植水稻。

從民國 50 年代（1960s），開始有出現電動馬達抽水的形式，但仍尚未普及於灌溉區。至民國 60 年代（1970s）機械鑿井開始逐漸取代人工鑿井。但促成灌溉區鑿井逐漸普及的因素是民國 64 年（1975）大發工業區的設立。

在大發工業區設立後，因為工業區位於大寮圳灌溉區境內，並且位於大寮村、過溪村和潮寮村之間，所以在工業區設立後，逐漸阻礙流往水尾地區的圳水，讓位於水尾地區的過溪村和潮寮村一帶逐漸無圳水可以灌溉。並且在大發工業區開始有廠商進駐營運後，也帶動工業區周圍的發展，田間開始逐漸出現工廠。因為有些工廠設置於圳道邊，工廠廢水未經處理就任意地排放至圳溝，造成圳水的汙染。工業區的設置阻礙流往水尾地區的圳水，[34] 加上工廠排放水汙染圳水，皆

---

33 田野調查（2013 年 3 月 27 日）：於潮州寮聚落內訪問吳先生（80）所得。吳先生出生於日治昭和 8 年（1933），過去曾擔任潮寮村村長。

34 除此之外，當田園間的道路拓寬，有時會侵占到一旁的圳路，如圳溝被加蓋等情形。造成水利會工作人員在維護與清理上的困難。久而久之，圳路漸被汙物堵塞，阻礙圳水的流動，讓農民無法引圳水灌溉田園，促使農民轉而以抽地下水的方式來灌溉田園。

促使農民逐漸放棄以圳水灌溉田園。透過新式的鑿井技術，以抽取地下水來灌溉，藉此也尋求自主的用水權利，不再受到灌溉區的空間限制，和圳水污染等影響。

若農民要鑿井並安裝馬達抽地下水，首先農民會洽詢領有水電牌執照的承裝業者，然後接受農民委託的承裝業者，除了施作鑿井工程，並且協助農民向電力公司申請農業用電許可執照。接著電力公司人員會到現場，考察申請戶的田園，衡量設備與用電需求等內容，以核發許可執照，最後電力公司會到田園現場施作外線供電，承裝業者則負責施作內線（屋內線）後，方可完成，農民即可抽水灌溉田園。鑿井的花費，[35] 則依照水井的「井深」與「井寬」而定。[36]

為了了解大寮圳灌溉區的農民使用地下水的情形，本要點討論是透過田野調查的訪問，同時配合實際在灌溉區境內，輔以第四版《五千分之一像片基本圖》，以抽樣的方式抄錄「電表號碼」，並透過「電表號碼」來查詢電表的申請時間。

從抽樣結果得知（附錄6），大寮圳灌溉區的農民以申請「農業用電」的方式，並自行鑿井和安裝電動馬達抽地下水者，[37] 最早於民國66年（1977）首次出現在過溪村，民國69年（1980）時，過溪村和潮寮村兩村各有數位農民申請，三隆村則有一位申請。普及於民國70

35　田野調查期間訪問所得。在民國70年代（1980s）以前，若要抽地下水，則是需要用以煤油為燃料的臭油車來抽水，並且需要人工鑿井，約花費5,000多元。民國70年代（1980s），鑿井費用需要5,000餘元。到民國80年代（1990s）則需要20,000到30,000元間，才能可開鑿一口水井。

36　田野調查（2013年1月2日）：於臺灣電力公司鳳山區營業處大寮服務所訪問所得。

37　田野調查期間訪問所得：一般田園邊使用電動馬達的形式為「西德式沉水馬達」。

年代（1980s），灌溉區全境皆有農民申請農業用電，並延續至民國80年代（1990s），幾乎各田園邊都有電動抽水機，[38] 和農業用電表豎立在田邊（照片4-2-1）。到民國90年代（2000s）還有申請的紀錄，但主要都出現在水頭地區的翁公園和義和村一帶。

照片 4-2-1　正在抽地下水灌溉的一期水
　　　　　　稻田
照片來源：田野調查（2013 年 3 月 6
　　　　　日）拍攝。
說明：本塊田地並非灌溉區。

三、二期稻作休耕和稻田轉作

自民國 64 年（1975）以來，臺灣生產的稻米逐漸供過需求，導致生產過剩，米價下跌。政府為了提高稻穀價格，在民國 67 年（1978）9 月開始協助各地農會以高於市場的價格，向民間收購稻穀，卻逐漸造成政府的財政負擔。造成稻米供過需求和生產過剩的原因有三：[39]

（一）水稻品種改良和生產技術的進步，讓稻米的單位生產面積提高。

（二）隨著經濟日益發展，國民所得提高，飲食消費習慣也隨之轉變，
　　　稻米的消費量也跟著下降。

38　早期有些農民，為了防止裝設的抽水馬達被宵小偷走，會以磚頭在田園邊築起「幫浦寮仔」，並加裝鐵門上鎖，但仍然無法阻止宵小偷取馬達。
39　彭作奎，〈稻田轉作之時代背景〉，《臺灣經濟》，（85）（1984），頁 6-15。

（三）在制度層面上，稻米在生產、運銷等制度上較為完善，並配合政
　　府食米公開市場之操作，讓稻米生產價格的風險降低。

　　有鑑於此，政府在民國 73 年（1984）開始實施與鼓勵農民於二
期稻作進行休耕，並鼓勵稻田轉作，試圖降低稻米的生產量。在政府
積極地鼓勵和推廣下，政府對於農地的「休耕補助」為每分地 4,500
元，而「轉作」則為每分地 2,500 元。據此，大寮圳灌溉區地農民有
感於稻穀收購價格不佳，漸漸地在第一期「四月冬」稻作收穫後，於
休耕期種植綠肥作物「田菁」度過下半年，等到來年開春再行第一期
稻作，或是在大寮圳第二期通水時，轉作其他具有更多利潤的作物。

　　除了農民有感於稻米價格不佳，逐漸降低種稻的意願，還有政府
鼓勵二期稻作休耕與轉作兩大因素。再者，雖然第二期稻作較第一期
的短，但是生長期適逢於夏天雨季和颱風季，稻穀容易因大雨而倒伏
或稻穀發芽，影響二期稻作的收成。或者是夏季炎熱容易滋生病蟲害
等，使農民必須在稻穀的生長期間噴灑 7 到 8 次的農藥，相對於一期
稻作只需噴灑 3 次。換言之，二期稻作的經營成本高，而且收成量不
如一期稻作來得多，[40] 所以降低農民栽植二期稻作的意願，轉而選擇
休耕，或是栽種其他作物。

　　要言之，工業化後經濟環境的轉變，促使農地經營型態的轉變。
在此背景下，大寮圳灌溉區農地經營出現轉變，除了農民受到農業政
策的推廣和鼓勵，選擇二期稻作休耕或轉作。其主要原因是，在稻穀
價格不佳的情形下，農民衡量兩期稻米栽植的經營成本與收成量後，

40　田野調查期間訪問所得。就稻穀收穫量而言，一期稻作的收成，平均一分
　　地約 1,300 到 1,500 斤之間，而二期稻作平均一分地收成 800 多斤左右。

大多仍以栽植收穫量高且品質佳的第一期稻作為主，而在第二期稻作就選擇休耕，或轉作其他經濟價值更高的作物。

四、農地經營與灌溉用水形式的改變

隨著大發工業區的設立和營運，乃至田園間逐漸林立的工廠的排放水汙染圳水，讓水尾地區漸無圳水可用，或無法使用被汙染的圳水，因此過溪村和潮寮村一帶的農民漸放棄使用圳水來灌溉。工業化後的民國70年代（1980s），在田園邊鑿井抽地下水灌溉的農業景觀，從水尾地區開始逐漸普及和遍布於大寮圳灌溉區的田園間。

工業化後帶來經濟環境的轉變，讓臺灣的稻米產量逐漸供過於求，政府為了控制稻穀價格和產量，從民國73年（1984）起，即鼓勵二期稻作的休耕和稻田轉作。因此多數農民除了維持一期稻作，少數繼續維持二期稻作，大多漸轉作其他作物，如蔬菜、玉米等作物，或者是有些農民全面放棄種稻，專心種植其他作物。

在農地的作物栽植上，最重要的還是灌溉水源有無，是因為作物的生長期間需要水源的灌溉。過去在鑿井不普遍的時期，農民主要依賴大寮圳的灌溉，但在農民轉作其他作物時，則無法配合水圳的灌溉時間。畢竟大寮圳的通水時間，是依循第一期和第二期稻作的栽種時間而定。於是農民藉由在自家田園邊鑿井，並申請農業用電，以電動馬達抽地下水灌溉田園。農民可以隨時抽水灌溉，不受水頭和水尾的空間限制，以及水圳通水時間的限制。即在水圳斷水期間，也能抽地下水灌溉。在灌溉用水上，農民透過鑿井取水的方式，取得灌溉用水的自主權，逐漸擺脫對水圳的依賴。

　　由於自鑿水井逐漸普及，大寮圳灌溉區的農地經營上漸漸不以水稻為主要作物。在民國 60 年代（1980s）至 70 年代間（1980s），農民於大寮圳灌溉區開始栽植紅豆，漸成為冬季主要的作物之一。而放棄二期稻作的農民，則改種生長期短且利潤高的蔬菜，普遍以高麗菜為主（表 4-2-1）。

表 4-2-1　工業化後大寮鄉的主要作物內容

時間	主要作物（面積（公頃）、百分比）							
民國 60 年 **（1971）**	稻 3,532.03 38.3 %	甘藷 1,497.40 16.2 %	蔬菜 1,293.60 14.0 %	大豆 1,190.90 12.9 %	果樹 770.03 8.4 %	蔗 593.15 6.4 %		
民國 70 年 **（1981）**	稻 2,932.92 44.44 %	蔬菜 1,549.30 23.47 %	紅豆 715.60 10.84 %	蔗 618.04 10.32 %	果樹 225.95 3.42 %	玉米 188.80 2.86 %	生食蔗 139.10 2.11 %	花生 92.70 1.40 %

引用並整理自：陳文尚編撰，黃致誠撰稿，〈農業篇〉，頁 30、35。
原始資料來自：高雄縣政府主計室，《高雄縣統計要覽》（高雄：高雄縣政府主計室，1950-2010）。

　　另一方面，在工業化的進程中，大寮鄉與鄰近鄉鎮的工廠逐漸增加，提供許多就業機會，促使農民在專心於農事之餘，逐漸到外地或自家附近的工廠工作，賺取額外收入。因此有些農民在抽水灌溉田園時，趁空檔時從事別的工作，然後灌溉完畢，再回到田園關閉抽水馬達的電源。若在過去以水圳灌溉時，農民必須「顧田水」[41]，防止鄰近的農民趁機盜水或搶水。

41　田野調查期間訪問所得。「顧田水」為臺語的讀法，中文意思為看顧圳水灌溉田園的狀況，目的是為了保持圳水水量的穩定，也防止鄰近的田園盜水或搶水。

　　就灌溉用水形成的社會關係而言，隨著灌溉用水型式的轉變，與水圳維護管理方式的改變，促使農民和大寮圳的關係，以及因使用圳水所形成的人際互動關係，逐漸疏遠。

　　民國 60 年代（1970s）農田水利會對於大寮圳全面施作「內面工」。土圳水泥化後，原本農民會自發性一起清理疏濬圳溝的「（共同）義務勞動機制」即隨之消失。取而代之是民國 73 年（1984）由農田水利會成立的「工作班」，其成員負責的工作有負責清理與疏通圳溝，開關小給水路的水門，並且巡視田園，掌握田園的灌溉狀況，以及向農民宣導以「節約用水」的方式來灌溉田園。

　　農田水利會設置「工作班」的主要目的，是期望透過工作班成員向農民宣導「節約灌溉用水」的觀念，並督促農民使用圳水。因為過去農民灌溉田園時，從田園邊的灌溉小給水路引水至田園裡，實施全面灌溉，讓田園充分得到水分浸潤，但擔心圳水會太快從排水口流出，所以農民會在田園的排水口處疊一塊磚塊，試圖減緩圳水太快流出田園，但仍有多餘的圳水流入排水路，形同浪費水資源（圖 4-2-3）。除此之外，為了減輕農民的工作負擔，原本是由農民必須自行清理自家田園邊圳溝的工作，轉由工作班成員負責清理與疏濬。

　　就工作班的組織和形式而言，是由水利小組長挑選二至三位成員所組成的，其成員為住在水門附近的居民，每月給薪 9,000 元，主要負責清理圳溝和開關水門等工作。平均一個輪灌區有一到二個工作班，其中因為第八水利小組的灌溉面積較大，所以有三個工作班。另「拷潭村」與「潮寮村」兩地只依賴抽水機灌溉，未設置工作班。

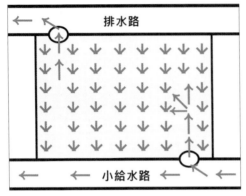

圖 4-2-3　水田灌溉與排水示意圖
資料來源：田野調查訪問所得。

第三節　現今農地經營的轉變與用水自主性的提升（1990-2012）

　　大寮圳灌溉區在民國 60 年代（1970s）工業化後，大發工業區設立，灌溉區的田園間漸有工廠林立，而工廠也為灌溉區帶來汙染。民國 70 年代（1980s）農業生產部門的衰退，灌溉區的農地經營也面臨轉型。

　　再者，在灌溉用水方面，工業化後，灌溉區的圳水被未經處理的工業汙水任意排放，造成汙染。大發工業區的設置，逐漸阻斷流往水尾地區的圳水，水尾地區的農田逐漸無圳水可用。在鑿井技術普及下，農民透過鑿井取水的方式，取得灌溉用水的自主，並且逐漸遍布於灌溉區的田園間。此外，農田水利會對於水圳維護和管理的形式改變，也促使原本因為使用圳水，在農民們之間形成的人際互動，逐漸鬆動瓦解。

據此，農民透過地下水源的灌溉，取得獨立自主的用水權，不必依賴和遵循大寮圳的通水時間來配合耕作，而是可依自己的意願和需求，種植需要的作物。要言之，工業化後農地經營和用水的關係是逐漸地鬆動。近 20 年的經濟發展，灌溉區境內的聯外道路逐漸開發，有些農地逐漸廢耕或轉作他用，此時對於農地經營和用水的關係有著什麼樣的變化？

一、民有農地

工業化後，由於大發工業區設立後，逐漸影響流往灌溉區水尾的圳水，最終水尾地區一帶無圳水可用。因此更加確立灌溉區的「水頭」和「水尾」，意即「水頭」有圳水可以灌溉，相對「水尾」則是無水灌溉，田園的圳路再無圳水通過，形同乾涸。

在農地經營與用水上，雖然鑿井技術的普及，讓農民用水自主性提升，不必僅依賴圳水來灌溉田園，但受到灌溉區的土壤含砂量的影響，農民仍是「適地適種」，配合自然環境，種植適合生長的作物，因此水頭仍以水田為主，水尾以旱田為主的農地景觀。

（一）水田

雖然從民國 70 年代（1980s）起，鑿井取地下水灌溉的用水形式，日益普及於灌溉區，但是受到原始自然環境的因素，灌溉區境內的土壤含砂量，仍呈現水頭地區屬於含砂量較少的「壤土」，水尾地區是含砂量偏高的「砂土」，所以水頭地區以水田為主。

在大寮平原上，主要栽植第一期「四月冬」稻作，而第二期稻作的栽植，逐漸消失。取而代之，農民在一期稻作結束後，栽植綠肥作

物「田菁」來度過休耕期，並配合節氣，約在過「白露」後，[42] 農民會進行整地，開始種植玉米、蔬菜、紅豆，[43] 或毛豆等短期作物，或是冬季裡作。此時大寮圳斷水，但農民可以抽地下水的方式來灌溉農作物，所以不必擔心斷水期間無圳水灌溉的問題。

鳳山丘陵內的谷地，即「拷潭」一帶。在工業化後，農地與低地逐漸被填平，轉為建地或工廠用地，因此農地逐漸減少，水潭也漸漸消失。雖然少數農地仍保持耕作，但以一期稻作為主，或是蓄水於田園來栽植菱角。在灌溉用水上，主要依賴鑿井取地下水灌溉，以及圳水的灌溉，而圳水來源自水利會於丘陵裝設的抽水機，取在萊排水線的水對拷潭一帶進行補注灌溉。

（二）旱田

旱田主要集中在灌溉區的水尾，即過溪里和潮寮里一帶，而本地已經無圳水通過，當地農民皆以電動馬達抽下水的形式，對田園進行灌溉。因為地質的因素，土壤含砂量高，地表不容易保留灌溉水，所以本地的水稻田較少，以甘藷、落花生及白蘿蔔和香蕉等為主。其中白蘿蔔集中在過溪里一帶。

因為水尾地區鄰近大發工業區，所以過溪里和潮寮里一帶，工廠分布的密度較高，並且田園附近的工廠容易帶來空氣汙染等環境公害；有些工廠緊鄰於田園邊，廠房遮蔽日照，影響農作物行光合作用，妨礙植物的生長。

42　一般而言，除了在「白露」過後，還有在「農曆 7 月 15 日」，或「農曆 8 月 15 日中秋節」過後，農民會遵循節氣和時間，來種植作物。

43　田野調查期間所得。據農民們表示，紅豆必須在「新曆 10 月 10 日」以前播種完畢，不得耽誤。

　　綜上所述，近 20 年來，灌溉區普遍仍栽植第一期水稻，但仍以水頭地區為主。水尾地區受到地質土壤的因素，仍以旱田為主要的農地經營方式（圖 4-3-1）。因為從民國 73 年（1984）政府鼓勵二期稻作休耕或轉作，所以二期稻作的栽培逐漸消失，僅有少數農民會栽植而已。農民一般都在一期稻作結束後，即種植田菁作為田園的綠肥，然後當入秋之際，即開始整地，栽種裡作或短期作物。在灌溉用水上，農民可以獨立自主地運用地下水，對田園進行灌溉。據此，除了一期稻作外，玉米、香蕉、蔬菜等各種作物，只要是適合灌溉區的環境，並在地下水源取得無虞下，就可以憑農民的需求來栽種，所以農產逐漸呈現多樣性（表 4-3-1），並且在裡作與短期作物方面，現今呈現不同的空間分布（圖 4-3-2）。

表 4-3-1　民國 80 年（1991）大寮鄉的作物組合內容

時間	主要作物（面積、百分比）					
民國 80 年 **（1991）**	稻 3012.79 52.43%	蔬菜 1283.00 22.33%	紅豆 519.50 9.04%	果樹 398.52 6.94%	蔗 244.46 4.25%	玉米 197.00 3.43%

引用並整理自：陳文尚編撰，黃志誠撰稿，〈農業篇〉，收於《高雄縣產業》（高雄：高雄縣政府，1997），頁 36。
原始資料來自：高雄縣政府主計室，《高雄縣統計要覽》（高雄：高雄縣政府主計室，1950-2010）。

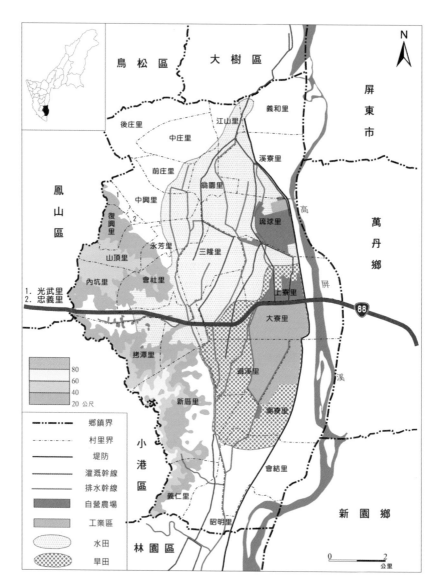

圖 4-3-1　大寮圳灌溉區水田、旱田的分布
資料來源：1. 田野調查。

　　　　　2. 對照：林務局農林航空測量所，《二萬五千分之一經建版地形圖
　　　　　　 （第三版）》（臺北：內政部，1999）。

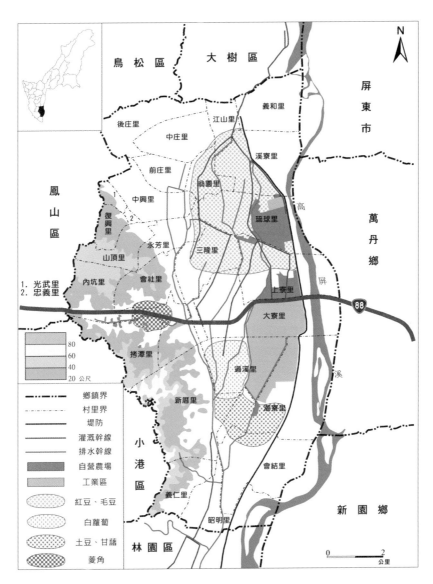

圖 4-3-2　大寮圳灌溉區冬季裡作和短期作物的分布
資料來源：田野調查。

　　另一方面，農村的青年人口逐漸外流，造成農村勞力老化。雖然仍有年老的農民從事耕作，但大多已是作為活動筋骨性質的勞動。有些農民會將田園轉租給他人耕作，自己收取地租，同時因為本身具有農民的身分，所以也享有老農津貼。再者，有些農民選擇拋荒，將農地轉作他用，如建地，或承租他人作為工業用地等其他土地利用。

　　時至今日，農業機械化已經非常普遍，從整地、插秧播種到收割作物，皆有機械代勞，也有農民會雇用工人一同協助農事，非常方便。但因為農地經營的成本太高，從整地、播種、施肥、除草到收成等階段，需要投入各項的。再者，農產品售出所得的獲利不高，扣除經營時投入的各項成本，農民所得其實不多（表 4-3-2、表 4-3-3、4-3-4）。因此農民會降低種植作物的意願。

表 4-3-2　水稻田的經營成本與補助

項目	費用	備註
成本		
整田	700 元／分	1. 2012 年，一分地 600 元。 2. 因油價上漲，所以 2013 年多漲 100 元。
農藥（40 公斤／包）	350 元	平均一分地的花費。
補助		
休耕補助	7,000 元	由政府補助。
老農津貼	7,000 元	過去是 6,000 元。2008 年後增加 1,000 元。

資料來源：田野調查（2013 年 3 月 13 日）於翁公園萬丹路旁訪問邱先生（76）所得。

說明：1. 一分地約收成 1,200 斤；一分地獲利 1,200 元。

　　　2. 邱先生的水田面積有四分餘。

表 4-3-3　紅豆園的經營成本

項目	成本	備註
整田	700 元／分	1.2012 年，一分地 600 元。 2.因油價上漲，所以 2013 年漲 100 元。
農藥	3,000 元	一瓶約 490 至 500 元間。
肥料	7,500 元／分	一分地需 2 至 3 包。

資料來源：田野調查（2013 年 3 月 24 日）於萬丹路和三隆路交會處的田園訪問農民所得。

說明：一分地約收成 300 斤，一斤賣 30 多元。

表 4-3-4　高麗菜園的經營成本

項目	成本	備註
高麗菜苗	12,000 元	1.一盤 90 元，有 110 株菜苗。 2.一分地需要 27,000 株，約需 26 至 27 盤。
僱工 3 位	3,000 元	一人的工資：1,000 元／天。
整田	700 元／分	1.種植蔬菜時，需整田 3 次。 2.種植豆類，需整田 2 次。
農藥	3,000 至 4,000 元	一罐約 700 餘元。
肥料（40 公斤／包）	350 元	-

資料來源：田野調查（2013 年 3 月 25 日）於上寮里的田園訪問李女士（66）所得。
說明：面積五分的田園（分別為兩塊各二分的地，一塊為一分地），現在種高麗菜。

　　在灌溉用水方面，水頭地區的農地，若是在幹、支線附近者，因為水量豐沛，所以除了抽地下水灌溉，也會利用圳水的來灌溉田園，

倘若自己的田園無鑿井，但需要灌溉，則可以請附近有裝設抽水馬達的田園協助引水灌溉，一小時以 50 元或 100 元計算，看灌溉時間多少來計算水費。[44]

　　再者，從大寮里和上寮里方面起，因為屬於水頭和水尾地區之間的過渡帶，所以農民皆會使用地下水或是圳水來灌溉，但利用地下水的機會較多。最後在水尾的過溪里和潮寮里一帶，因為無圳水可以灌溉，所以必須依賴地下水來灌溉。換言之，在農地的灌溉用水方式上，呈現水頭和水尾地區的空間差異。

二、臺糖公司蔗作區

　　民國 70 年代起（1980s），因為臺灣的製糖成本增加，於是政府逐漸由國外進口蔗糖，臺灣島內的蔗作區面積也逐漸因應建設等用途而釋出。其中位在大寮區的大發工業區，其土地大部分來自於臺糖潮州寮農場的土地。隨著工業化的進程，本地的甘蔗種植也逐漸減少，民國 73 年（1984）不再種植一般做為食用的紅甘蔗。[45] 提供糖廠做為壓榨原料的白甘蔗，其種植面積在民國 80 年代（1990s）也逐漸減少，[46]至民國 92 年（2003），臺糖位於大寮區的大寮農場（表 4-3-5），[47] 全面成為「離蔗」的狀態，意即「不再種植甘蔗」。[48]

44　田野調查（2012 年 8 月 24 日）：於昭明里訪問劉先生（72）與張簡先生（70）所得。

45　整理自：高雄縣政府主計室，《高雄縣統計要覽》（1950-2010）。

46　整理自：高雄縣政府主計室，《高雄縣統計要覽》（1950-2010）。

47　「民國 53-54 年期（1964-1965）翁公園農場併入大寮農場。民國 63-64 年期（1974-1975）大寮農場再度撥回小港糖廠。」詳見：臺灣糖業股份有限公司編印，《臺糖五十年》（臺北：臺灣糖業股份有限公司，1996），頁 755。

48　田野調查（2012 年 12 月 15 日）：於大寮農場辦公室訪問鄭主任所得。

表 4-3-5　大寮農場的土地分類與面積

土地分類	蔗作適地	蔗作不適	耕地	總面積
面積（公頃）	148.93	3.90	152.83	305.66

資料來源：臺灣糖業公司砂糖事業部副執行長蘇先生提供（2012 年 11 月 2 日）。
說明：民國 89 年（2000）3 月的紀錄。

目前的大寮農場包含過去位於翁公園的「翁公園農場」，和位於現今大寮里，鄰近大發工業區和臺 88 線旁的「大寮農場」。「潮州寮農場」的土地，大部分都釋出做為大發工業區的用地。

目前大寮農場的土地皆出租給民間使用，主要有學校用地、工業用地和農地三類等。尤其承租給民間作為農地使用者，[49] 承租者必須遵守行政院農委會制定的「限種 19 種作物的規定」（表 4-3-6），規定有限種面積與作物總量管制等細則，目的是為了控制臺糖的農地作物栽植和產量，避免破壞臺灣農產量和價格的失衡。因為臺糖公司在臺灣本島擁有許多土地，若是放任承租農民種植他們所需的作物，會造成產量過剩與供需失衡。

目前農場的環境，農場設有 4 口 100 米的深井，但許久未用，現已閒置荒廢。而且圳路也不再流入農場境內。因此向農場承租土地的農民，必須自行設法解決自家田園的灌溉水源，臺糖公司不負責提供農場的灌溉水源。

另外，高雄縣政府於民國 97 年（2008）實施「回歸田園」的「222 專案」計畫，由高雄縣政府農業局向臺糖公司簽訂契約，將臺糖大寮

49　承租農場土地的流程，農民須先向農場辦公室申請承租農地，農場辦公室呈報至臺灣糖業公司高雄區處農場課，於 15 日後公開招標。若欲申請承租兩年以上者，農場辦公室再呈臺糖總公司審核。

農場的其中 25 甲土地，以每戶 2 分地，租期兩年，讓高雄地區的失業民眾承租，民眾主要以種植蔬菜和短期作物為主。本計畫到民國102 年（2013）告一段落。

表 4-3-6　農委會與臺糖公司協商修正易發生產銷失衡之作物別

作物別	原規定		修正		備註
	品項	品項數	品項	品項數	
水稻	水稻	1	水稻	1	
果樹	鳳梨、木瓜、柳橙、芒果、文旦柚、荔枝、番石榴	7	香蕉、鳳梨、木瓜、柳橙、芒果、文旦柚、荔枝、番石榴	8	增列香蕉 1 項。
蔬菜	大蒜、甘藍、結球白菜、花椰菜、蘿蔔、西瓜、蘆筍、竹筍、洋香瓜	9	大蒜、甘藍、結球白菜、花椰菜、蘿蔔、西瓜、洋香瓜	7	1.刪除蘆筍及竹筍 2 項。 2.大蒜、甘藍、結球白菜、花椰菜、蘿蔔等蔬菜限於春季物種植。
雜糧及特用作物	落花生、甘藷、紅豆、甜玉米、茶葉	5	落花生、甘藷、紅豆、甜玉米、茶葉	3	刪除紅豆及茶葉 2 項。
合計	-	22	-	19	-

資料來源：臺糖公司高雄區處農場課大寮農場主任鄭先生提供（2012 年 12 月 15 日）。

過去臺糖公司位於大寮區的三座農場，分別是「翁公園農場」、「大寮農場」和「潮州寮農場」。現在整併為「大寮農場」。以下由過去的農場空間依序說明目前的農場境內的農地經營的概況與灌溉用水的

使用情形。

（一）翁公園農場

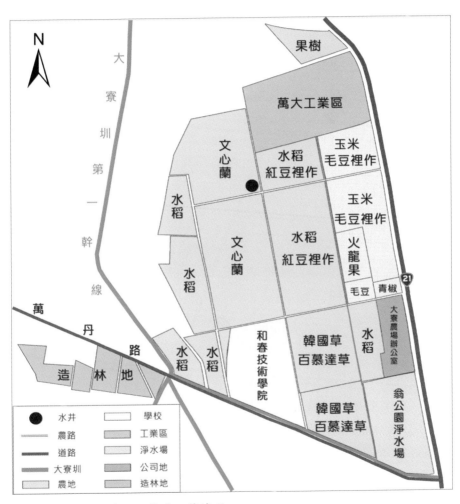

圖 4-3-3　翁公園農場的農地經營情形
資料來源：根據田野調查所得繪製。
地圖改繪自：由大寮農場主任鄭先生提供的農場地籍圖。
說明：圖中的斜線範圍，為實施「回歸田園」的計畫範圍。

　　翁公園農場緊鄰高屏溪堤防，主要的聯外道路有臺 21 線和萬丹路（圖 4-3-3）。目前農場土地除了承租給和春技術學院作為學校用地，農場北邊有租期 50 年的「萬大工業區」。目前農場境內主要作為農地經營的利用。在灌溉用水上，主要利用地下水來灌溉田園。農場西南邊的造林地，是配合政府節能減碳政策所種植的。未來政府有意將翁公園農場開發成為「綠色產業園區」，將農場地全面轉為工業區用地。[50]

（二）大寮農場

　　大寮農場位於大寮里境內，東鄰高屏溪堤防，沿堤防邊有臺 21 線，南邊鄰近大寮路和大發工業區，並有東西向的臺 88 線在南邊沿著大寮路橫亙著（圖 4-3-4）。

　　農場全境幾乎承租給民間作為農地經營使用，而在農場西邊有配合政府節能減碳政策的造林地，但因為大寮農場鄰近「臺 88 線」與「大發工業區」，作物生長容易受到交通和工業區帶來的空氣汙染，以及夜間時工業區的燈光，和臺 88 線沿路的路燈，皆會影響作物夜間的生長。

　　目前農場境內的深井和圳路已經閒置已久，不再使用。大寮農場靠近水尾地區，地質的含砂量較高，土壤不容易留住水分，所以大寮農場內的農地利用地下水灌溉。大寮農場沒有電力，所以農民必須自備以 95 無鉛汽油為燃料的馬達抽取地下水，透過農地上的塑膠水管，接上「噴帶」（照片 4-3-1），對農地上的植株根部進行灌溉，並非

50　〈綠色產業區變色 大寮地主反彈〉，《中國時報》（2012 年 8 月 13 日），第
　　C2 版。該報導由大寮農場主任鄭先生提供。

直接以引水淹田的方式來灌溉，此灌溉方法為「閥門塑膠軟管灌溉」[51]（照片 4-3-2）。以此灌溉方式，可節約灌溉用水，提升灌溉效率。

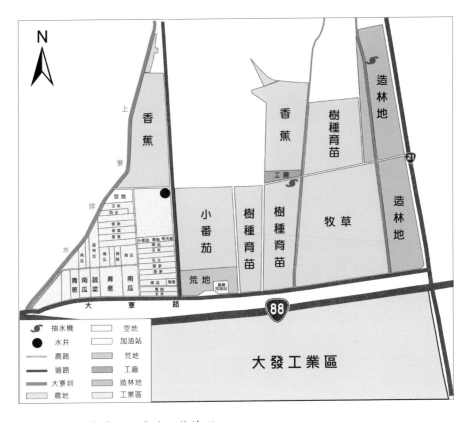

圖 4-3-4　大寮農場的農地經營情形
資料來源：根據田野調查所得繪製。
地圖改繪自：由大寮農場主任鄭先生提供的農場地籍圖。
說明：圖中的斜線範圍，為實施「回歸田園」的計畫範圍。

51　臺糖 60 週年慶籌備委員會編輯組，《臺灣六十週年慶紀念專刊——臺灣糖業之演進與再生》，頁 198。

照片 4-3-1　田園上鋪設噴帶
照片來源：田野調查（2013 年 3 年 26
日）拍攝。

照片 4-3-2　閥門塑膠軟管灌溉
照片來源：田野調查（2013 年 3 年 26
日）拍攝。

（三）潮州寮農場

　　「潮州寮農場」目前僅有的土地為潮寮國中及潮寮國小旁邊的「造林地」（圖 4-3-5）。民國 64 年（1975）成立的「大發工業區」，和民國 68 年（1979）設立的「潮寮國中」，以及民國 48 年（1958）設立的「潮寮國小」，過去皆屬於潮州寮農場的範圍。

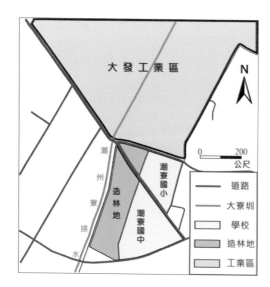

圖 4-3-5　潮州寮農場的土地利用情形
底圖為：林務局農林航空測量隊，《五千分之一中華民國臺灣地區像片基本圖　（第四版）》（1996）。
資料來源：根據田野調查所得繪製。

三、現今大寮圳的運作概況

　　大寮圳灌溉區由臺灣高雄農田水利會大寮工作站，負責管理和維護（附錄7）。為求管理上的方便，並配合實行輪灌制度，於是將灌溉區分成8個水利小組（圖4-3-6），每個小組轄下都有數個負責的輪灌區（圖4-3-7），設置工作班。另外，因為臺糖農場境內有公司自行裝設的抽水機，所以獨立為一水利小組（表4-3-7）。

表 4-3-7　大寮圳水利小組轄區概況一覽表

水利小組	所屬灌溉管理區域／所屬抽水機編號	灌溉排水面積（公頃）	工作班班數	備註
第一小組	1、2、3、4、5	184.34	4	-
第二小組	6、7、8、9	118.52	3	-
第三小組	10、11、17、18、19、20	148.55	4	-
第四小組	1、2、3 潮溪深井抽水機（地下水）	131.35	4	-
第五小組	12、13、14、15、16	133.58	4	-
第六小組	25、26、27、28、29	178.07	4	-
第七小組	30、31、32、33、34	174.61	4	-
第八小組	35、36、37、38、39、40	144.59	3	-
第九小組	1、2、3、4 拷潭抽水機（地面水）	73.16	0	-
第十小組	1、2、3 大寮農場淺井抽水機（地下水）	130.43	2	第一班臺糖獨立班，第二班會員7人，以臺糖獨立小組視之。

整理自：高雄農田水利會會誌編輯委員會，《臺灣省高雄農田水利會會誌（第二冊）》。

說明：有標示底線的數字，即抽水機的編號。

在鳳山丘陵內的拷潭，以及灌溉區南邊的過溪里和潮寮里一帶，
因為水利在兩地裝設數臺抽水機抽水（表4-3-8），分別抽取在萊排水
線的水與地下水，對鳳山丘陵的拷潭，以及過溪里、潮寮里一帶進行
補注灌溉。

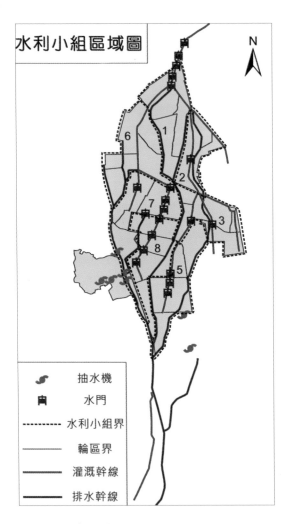

圖 4-3-6　大寮圳灌溉區水利小組區域圖
資料來源：高雄農田水利會大寮工作站提供。

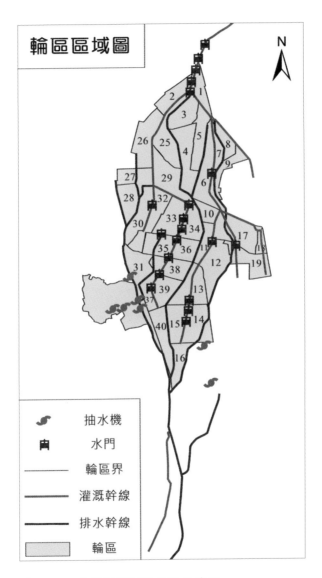

圖 4-3-7　大寮圳灌溉區輪區區域圖
資料來源：高雄農田水利會大寮工作站提供。

表 4-3-8　大寮圳灌溉區抽水機一覽表

抽水機名稱	馬力（HP）	數量（臺）	備註
潮溪一號抽水機	25 HP	1	抽取地下水。
潮溪二號抽水機	25 HP	1	抽取地下水。
潮溪三號抽水機	15 HP	1	1. 抽取地下水。 2. 民國 89 年 5 月 15 日改裝 15 HP。
大寮圳一號抽水機	20 HP	1	抽取地下水。
大寮圳二號抽水機	20 HP	1	抽取地下水。
大寮圳三號抽水機	20 HP	1	抽取地下水。
大寮農場一號抽水機	20 HP	1	抽取地下水。
大寮農場二號抽水機	20 HP	1	抽取地下水。
大寮農場三號抽水機	15 HP	1	抽取地下水。
拷潭一號抽水機	10 HP 5 HP	1	抽取地面水。
拷潭二號抽水機	7.5 HP	1	抽取地面水。
拷潭三號抽水機	10 HP 5 HP	1	1. 抽取地面水。 2. 疑由「拷潭補灌抽水機」取代。
拷潭四號抽水機	5 HP 30 HP	1	抽取地面水。
拷潭補灌抽水機	-	1	1. 抽取地面水。 2. 抽水機的補灌馬力不大。

資料來源：高雄農田水利會大寮工作站提供。

說明：通水期間的抽水機運作時間，為每日 7:00 至 18:00 或 19:00。

　　再者，大寮圳通水和斷水的時間（圖4-3-8），是依據第一期和第二期稻作的灌溉時間。每年的國曆1月1日會舉行通水典禮，開啟水門全面通水，開始進行第一期稻作的灌溉。當第一期稻作結束後，水門關閉，然後站員會依照自己負責的分區，利用斷水期間的一個月，維修和清理圳溝。接續在第二期稻作開始時，再度通水，直到10月第二期稻作結束，關閉水門，站員再進行維護和清理。周而復始，直到來年的國曆1月1日通水。

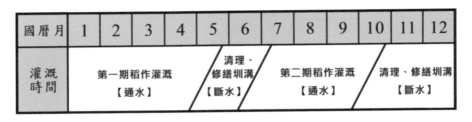

國曆月	1	2	3	4	5	6	7	8	9	10	11	12
灌溉時間	第一期稻作灌溉【通水】				清理、修繕圳溝【斷水】		第二期稻作灌溉【通水】			清理、修繕圳溝【斷水】		

圖 4-3-8　高雄農田水利會大寮工作站年中行事曆
資料來源：高雄農田水利會大寮工作站提供。

　　大寮圳通水之後，起初對灌溉區進行全面通水灌溉，再依秧苗成長期的需水狀況，調節用水。但偶有高屏溪水位下降，因此抽水機減少抽水量的情形，所以工作站依照當時抽水量充足與否，採取兩種不同的輪灌方式來因應，分別是「幹線輪灌」（圖4-3-9）和「上、下游輪灌」（圖4-3-10）。

　　「幹線輪灌」是以大寮圳第一幹線與第二幹線做為分區依據。「上、下游輪灌」則是以第一幹線和第二幹線為分區。再者第一幹線上、下游區段，以琉球路做為分界；第二幹線則以三隆路做為上、下游的分界。

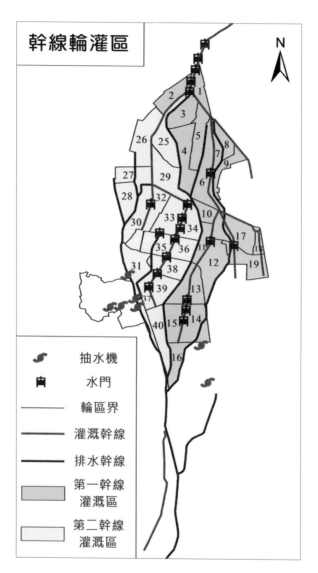

圖 4-3-9　大寮圳兩條幹線的輪灌區
資料來源：高雄農田水利會大寮工作站提供。

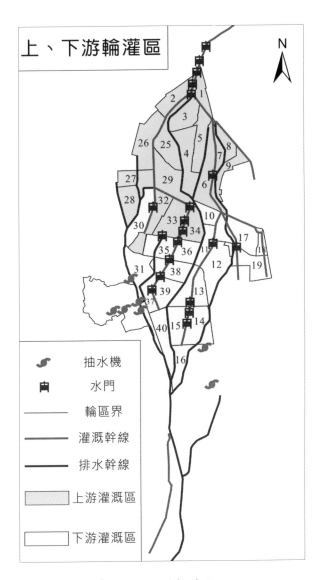

圖 4-3-10　大寮圳上、下游輪灌區
資料來源：高雄農田水利會大寮工作站提供。

因為民國 101 年（2012）的抽水量較前兩年（2011 年、2010 年）多，所以工作站開會決定該年度實施「幹線輪灌」。但在民國 102 年（2013），因為高屏溪水位下降，抽水站必須調整抽水量，所以從 3 月底至 5 月下旬，實施「上、下游輪灌」。

「幹線輪灌」可針對該幹線的上游與下游地區全面灌溉，但在抽水量較少的時期，而農民亟需灌溉用水的時候，會施行上、下游輪灌，因該機制會先行灌溉下游地區，有時會造成上游地區的農民未依照輪灌時間，有搶水的情事發生，影響下游地區的灌溉。因此早期在地下水灌溉不發達的年代，偶有農民搶水而產生衝突紛爭，需要工作站的區域管理員從中調解。時至今日，搶水的狀況已經逐漸消失。

無論是「幹線輪灌」（表 4-3-9）或「上、下游輪灌」（表 4-3-10），以每三日灌溉一分區，以六日作一周期循環。要言之，「上、下游輪灌」是先灌溉下游區段，再輪到上游地區，目的是確保下游地區有水灌溉。就兩種輪灌制的灌溉水源多寡而言，當高屏溪水位下降，導致抽水機的抽水量減少時，才會實施「上、下游輪灌」。

表 4-3-9　幹線輪灌時間表

日期順序 幹線別／輪區別	第一日	第二日	第三日	第四日	第五日	第六日
第一幹線						
第 1、2、3、4、5、6、7、8、9、10、11、12、13、14、15、16、17、18、19、20 輪區	值　灌　日			-		
第二幹線						
第 25、26、27、28、29、30、31、32、33、34、35、36、37、38、39、40 輪區	-			值　灌　日		

資料來源：高雄農田水利會大寮工作站提供。

表 4-3-10　上、下游輪灌時間表

日期順序 幹線別／輪區別	第一日	第二日	第三日	第四日	第五日	第六日
第一、二幹線上游						
第 1、2、3、4、5、6、7、8、9、25、26、27、28、29、32、33、34 輪區	-			值　灌　日		
第一、二幹線下游						
第 10、11、12、13、14、15、16、17、18、19、30、31、35、36、37、38、39、40 輪區	值　灌　日			-		

資料來源：高雄農田水利會大寮工作站提供。

第四節　小結

　　戰後初期灌溉區的農地作物仍以稻米和甘蔗為主。在灌溉用水方面，水尾地區容易缺乏水源灌溉，或無水可用，因此在亟需灌溉用水的耕作時期，容易發生搶水或擋水的情事。

　　工業化後水圳漸受到工業污染，圳水無法灌溉，所以最早於民國 60 年代（1970s），普及於民國 70 年代（1980s），農民轉而自行鑿井，安裝電動抽水馬達來灌溉。除因地下水不大受工業的汙染，以及農民可鑿井以隨時抽水灌溉，不受水利會灌溉時間的限制。

　　民國 73 年（1984）推動二期稻作休耕與轉作，同時農民考量兩期稻作的經營成本和獲利，促使農民的耕作習慣改變。雖然現今維持一期稻作，但二期稻作漸漸休耕或是轉作，或者農地轉作其他用途。目前水頭仍以一期稻作為主，水尾是旱田，短期作和裡作則會因地質分布的差異，呈現作物分布上的空間差異。

　　要言之，農民對於灌溉用水的自主性是提高的，同時對於農地經營，也因為有穩定的灌溉水源，所以不再受到灌溉區「水頭」或「水尾」的空間限制，可以自由地依自己需要來栽植作物。因此在農地經營上，也克服灌溉水源的問題，農作物不必依賴圳水的灌溉。但自然環境的土壤地質因素是難以克服的，所以基本上灌溉區的作物仍是呈現水頭以水田為主，水尾以旱田為主的空間差異。

第五章　結論

　　本文以「大寮圳灌溉區」作為研究範圍，以地理學的「人地傳統」為研究概念，輔以「歷史的研究途徑」來建構大寮平原的人文歷史脈絡，藉此試圖理解並分析大寮平原在「下淡水溪築堤前、後」，和「大寮圳通水前、後」，本地農民如何在從雨季容易淹水的不穩定農業環境，到築堤後的穩定農業環境，但仍缺乏水利設施的灌溉。當大寮圳通水後，平原得圳水灌溉，灌溉區的農地經營和用水隨著經濟環境產生變化。換言之，從不穩定的環境，到穩定的環境，再從無水圳灌溉，到有水圳灌溉後的變化過程中，農民如何因應自然與人文環境的變化，來經營農地，並且如何利用灌溉水源。再者，農地經營方式和灌溉用水之間的關係，會隨著灌溉用水取得方式的轉變，發生改變？經濟環境的變化，又如何影響灌溉區的農地經營和用水的關係？

　　透過「文獻與官方資料的整理與分析」、「地圖比對與分析」與「田野調查」作為本文的研究方法。承上述的發問，本文的研究目的為：

一、探究大寮圳的興築背景及通水前灌溉區的農地經營。

二、釐清大寮圳通水後對於農地經營的影響。

三、分析大寮圳通水後灌溉區農地經營與用水的關係變化。

　　承上所述，透過上述研究方法，試圖解決以上的問題，本文具體的研究成果如下：

一、不穩定的自然環境

　　大寮平原位於下淡水溪下游右岸，屬於下淡水溪的沖積平原，其地勢由北至南緩降。氣候上屬於全年溫暖的熱帶季風氣候，但因為降

雨季節分配不均，呈現夏雨冬乾的狀態，所以夏季降下豪大雨時，下淡水溪溪水暴漲，當溪水流經大寮平原沿岸時，此段為河床平緩的下游地區，因此暴漲的溪水容易漫過下游兩岸和地勢較低的地方。大寮平原的沿岸和南邊一帶，經常在雨季遭受洪澇之災，造成當地田園流失，居民流離失所，整體環境呈現著不安定的狀態，影響農業和經濟的發展。

再者，在農地經營與用水，大寮平原缺乏完善的水利灌溉設施。在氣候條件方面，雖然本地全年溫暖，適合各式作物生長，但因為降雨季節分配不均，為夏雨冬乾的氣候，所以農民僅能依賴雨季的降水，種植短期並耐旱的作物。

據此，若不考慮雨季時洪澇災害的自然因素，以及缺乏水利設施的人文條件，基本上就大寮平原的自然地理環境條件而言，是適合農地經營的。只是因為「水」的因素，讓農民在農地經營必須依賴雨季降水，即在灌溉用水的使用，處於被動的狀態。

二、下淡水溪築堤前後的農業環境變化與用水

日治大正 10 年（1921）以前，大寮平原沿岸的堤防尚未興築前，除了本身得水潭灌溉，並行一期稻作的拷潭外。大寮平原一帶的農業發展不盛，全境多以荒地和旱地為主。明治 36 年（1903）新興製糖會社進駐本地後，由於製糖工場的原料採取區包含大寮平原一帶，所以平原漸以栽植甘蔗為主，提供製糖工場做為壓榨蔗糖的原料，並且在尚無水利設施的環境下，製糖工場挾著資金與技術，以鑿井方式，配合抽水機取地下水灌溉。另外，民有農地除了為製糖工場種植甘蔗外，幾乎仍還是依賴雨季降水。

　　日治初期，臺灣總督府挾著相當的資金與工程技術，透過土地等各項調查事業的進行，並配合相關工程，積極地開發邊際土地，使之成為可以耕作的農業環境，配合政府的糧食增產政策，種植稻米和甘蔗等作物。於是大正 10 年（1921）大寮平原沿岸的堤防完工後，平原終免於洪澇之災，成為穩定的農作環境，因此逐漸擴大耕地面積，但因為仍水利灌溉設施的投入，所以農地經營的程度仍然有限。在灌溉用水上仍受制於自然環境的因素。

　　要言之，農地經營上仍維持依循自然環境條件，農地灌溉用水普遍受限於氣候條件的因素，除非像有資金與相當技術的製糖工場，才能克服自然環境及氣候的限制。

三、大寮圳通水後農地經營變化與用水方式的轉變

　　大寮圳於日治昭和 8 年（1933）竣工通水後，仍維持運作至今，但因為歷史時間的不同，所以分成「日治時期」和「戰後」兩階段來討論。

（一）日治時期

　　日治時期政府挾著相當的技術，與資金的投入，積極地藉由護岸工事和水利設施的興建，讓原本容易遭受洪患，缺乏水利設施灌溉的土地，成為具有穩定水源灌溉的農業環境。

　　在此背景下，原本缺乏水利設施灌溉的大寮平原，在大正 10 年（1921）堤防完工，隨即計畫「大寮圳灌溉排水工事」，期間歷經土地與工程費用的問題，但最後由政府的支持與資助，於昭和 8 年（1933）竣工通水。因此原本無水灌溉的土地，終於有水圳可以灌溉，促使大寮平原的水田化，於是農民利用圳水灌溉，種植作物。

177

　　大寮平原得大寮圳灌溉後，土地得以水田化，農地從原本依賴雨水的旱作，轉作為依賴圳水的水稻。但對於新興製糖會社而言，屬於製糖工場原料採取區的大寮平原，在大寮圳通水後，也是大寮圳的灌溉範圍。於是新興製糖擔心土地水田化後，原料區的農民趨於轉作水稻，不再種植甘蔗，會讓製糖工場在原料上取得困難。因此透過獎勵補助的措施，試圖防止甘蔗園轉為水稻田。除此之外，利用「糊仔甘蔗」的栽培方式，在水稻田中也可以種植甘蔗，即一塊田園中，可以收穫稻穀以及收甘蔗，讓想種稻的農民，以及想要農民為糖場種植甘蔗的新興製糖之間，取得雙贏的平衡點。

　　大寮圳通水後，除了促使平原水田化，並且因為農地相當依賴圳水灌溉，所以農民也因為使用圳水，逐漸形成因「水」而成的社會關係。雖然大寮圳全面灌溉平原，但因灌溉水源有限，所以水利組合必須實施「分區」和「分時」的「輪番灌溉」，於是在播種插秧的時期，也是田園都需要圳水灌溉的時候，故農民之間偶會發生「搶水」或「盜水」等衝突。

　　或者在灌溉時期，位於灌溉區下游的農民會在半夜至水圳上游拆除圳道裡的障礙物，以求圳水能順暢地流到下游地區，即臺語稱之的「破水」。除此之外，大寮圳水利事業是由水利組合維護和經營，並且也透過「（共同）義務勞動」的機制，由農民們一同負責維護和疏濬田間圳路。

　　要言之，大寮圳通水除了改變農地經營的方式，農地經營上極依賴圳水的灌溉，同時在經營田園的農民之間，逐漸形成因為使用圳水而形成緊密的人際社會關係。

（二）戰後

　　戰後初期的農地經營和用水，和日治時期相去不遠。隨著戰後的經濟環境變遷，農業發展的衰退和轉型，因此讓大寮圳的農地經營方式，不再以水稻和甘蔗為主，在農作栽植上呈現多樣性。

　　原本依賴水圳灌溉的農地，圳水受到工業化後帶來的汙染，讓農民逐漸不再利用圳水灌溉。鑿井技術普遍後，以電動馬達抽取地下水灌溉的方式逐漸普及並遍布於灌溉區，灌溉區農地經營不再受大寮圳通水時間的限制，讓農民可以依照自己的需求種植作物。

　　除此之外，地下水灌溉的形式逐漸普遍，農民取得用水上的自主權，不必遵循水圳的通水時間配合灌溉。換言之，農地經營逐漸因為有地下水的穩定水源，所以作物栽植不必受到灌溉區「水頭」和「水尾」地區的空間限制，與大寮圳通水和斷水的時間限制。因此農地經營對大寮圳的依賴程度也降低。

　　另外，農地重劃改變農村的景觀，讓田園皆有灌溉水路，於是搶水及爭水衝突隨之消失。農田水利會對於大寮圳的維護和管理也有所改變，水圳全面施作內面工，以及設置工作班，讓原本農民會自發性一同清理圳溝的「義務勞動」也隨之消失。

　　綜上所述，因為抽取地下水灌溉的普及，以及水圳的形式與維護管理的機制轉變，讓農民和水圳的關係不同往日緊密，農民們因為使用圳水而形成的社會關係也隨著人文環境的變遷，逐漸瓦解，並且農地經營也因為用水方式的轉變，兩者關係逐漸鬆動。

四、灌溉區內的空間差異與人地關係的變化

　　大寮圳在通水後，大寮平原從北邊的磚子磘至南邊的赤崁，成為灌溉區的範圍。大寮圳依照平原由北向緩降的地勢，築圳引水，透過幹、支線的分布，平均分布於大寮平原上。縱使大寮圳對平原實行全面灌溉，但因由北至南，沿圳的田園都需要圳水的灌溉，無法平均地獲得水源，所以藉由「輪番灌溉」的方式，除了配合稻作的灌溉，讓平原地區均勻地得到圳水灌溉，因此促使大寮平原的水田化，農地可以行兩期稻作。

　　透過水利設施的興築，確實是克服通水前，僅能依賴夏天雨季降水灌溉形式。但大寮平原的土壤含砂量多寡，呈現空間上的差異，即自大寮里以南，土壤含砂量較高，土地保水能力不佳，以北為保水力較佳的壤土。受到大寮圳圳路由北至南的距離遠近的影響，沿圳田園得圳水灌溉的時間早晚與水量豐沛與否，逐漸在灌溉區形成「水頭」和「水尾」的空間差異，即「水頭多水」，而「水尾乏水」的灌溉區空間差異。亦即以大寮里和尚寮里為過渡帶，以北屬於水頭，以南則為水尾。要言之，土壤成分的空間分布和水利環境的空間大致重疊相符。

　　工業化後，以鑿井取地下水的用水方式逐漸普遍，人為技術克服灌溉區的環境和空間上的限制，但農地經營上仍受自然環境影響。即水頭地區的土壤以壤土為主，土地保水能力佳，適合種植如水稻等較需水的農作物；在水尾地區方面，主要含砂量高的砂土為主，地表不易涵養灌溉水。雖然可藉抽地下水取得穩定的水源灌溉田園來種植水稻，但農民仍會考慮自然環境，選擇以「適地適種」的方式，種植如白蘿蔔、甘藷和落花生等適合排水良好與砂土環境的作物。

　　綜合以上所述，大寮圳通水後，對於大寮平原帶來的影響是，讓原本缺乏水源灌溉的土地，在得圳水灌溉後，土地水田化，可以水稻與各式作物。但是受到灌溉區圳路的距離遠近因素，且沿圳都要使用圳水灌溉的情況下，逐漸在大寮圳灌溉形成「水頭」和「水尾」的空間差異，形成水頭多水灌溉的水田，和水尾乏水灌溉的旱田分布。

　　雖然在工業化後，以地下水灌溉的用水形式逐漸普及並遍布灌溉區，但仍然受到灌溉區境內的土壤性質因素，無法人為改善自然環境的限制，農民藉由鑿井抽地下水的方式取得用水的自主權，不再只依賴圳水的灌溉，但仍然會配合自然環境的條件，種植適合該環境生長的作物，因此時至今日，隨著農業與經濟環境的變遷，大多農地仍維持第一期稻作，逐漸放棄二期稻作，轉而選擇休耕或稻田轉作。但在短期作物與冬季裡作的栽植，呈現多樣性的種類，並且在灌溉區境內呈現空間上的分布差異。

　　綜上所述，位於大寮平原上的大寮圳灌溉區，在下淡水溪沿岸尚未築堤以前，以及在大寮圳通水之前，因為平原本身的自然地理環境條件，所以農地經營與灌溉用水的方式，深受到自然環境和人文條件的影響。

　　在自然地理環境的空間上，呈現大寮平原和鳳山丘陵內谷地上的拷潭一帶，農地經營和用水條件上的差異。在人文條件上，築堤之前已進駐發展新式製糖業的新興製糖會社，挾著相當的資本與技術，克服自然環境的限制，讓平原上的農業有所發展，但一般農民對於農地經營，仍是處於順應自然環境的被動狀態。當大寮圳通水後，帶動製糖業與民有農地經營的發展。

在灌溉用水的使用上，農地經營依賴圳水，並且水圳的運作也必須配合稻作的栽植，形成緊密的關係。再者，受到灌溉區範圍廣大的原因，與田園得圳水灌溉的時間早晚，以及圳水水量多寡影響，進而在灌溉區境內形成水頭和水尾的空間差異，在農地經營上有不同程度和型式的發展。依賴圳水灌溉農地的農民們，也因為用水而形成緊密的社會關係。

隨著戰後經濟環境變遷，受工業化和都市化等影響，灌溉區境內的農地轉為其他利用，讓本地農業逐漸式微。但農地經營上透過出產多樣的農作物，仍然還是重要的農業區之一。雖然大寮圳仍繼續發揮著灌溉和排水的功能，但因為灌溉區農地經營型態與利用的轉變，與地下水灌溉的普及等因素，讓灌溉區農地經營和用水之間的關係，甚至是原本因依賴圳水而在農民間形成的社會關係，隨著時代變遷而逐漸鬆動。

參考文獻

一、中文資料

（一）史料

王瑛曾（1962），《重修鳳山縣志（第二冊）》，臺灣文獻叢刊第一四六
　　種。臺北：臺灣銀行經濟研究室。

陳文達（1961），《鳳山縣志（第二冊）》，臺灣文獻叢刊第一二四種。臺
　　北：臺灣銀行經濟研究室。

盧德嘉（1950），《鳳山縣采訪冊（第一冊）》，臺灣文獻叢刊第七三種。
　　臺北：臺灣銀行經濟研究室。

（二）專書

Paul Cloke、Philip Crang、Mark Goodwin 著，王志弘等譯（2006），《人
　　文地理學概論》。臺北：巨流。

川野重任著，林英彥譯（1969），《日據時代臺灣米穀經濟論》，臺灣研
　　究叢刊第一〇二種。臺北：臺灣銀行。

矢內原忠雄著，周憲文譯（2002），《日本帝國主義下之臺灣》。臺北：
　　海峽學術。

石再添主編（1991），《臺灣地理概論》。臺北：臺灣中華書局。

吳田泉（1993），《臺灣農業史》。臺北：自立晚報。

東嘉生著，周憲文譯（2007），《臺灣經濟史概說》。臺北：海峽學術。

林朝棨（1957），《臺灣省通志稿　卷一　土地志‧地理篇（第一冊）》。
　　臺北：臺灣省文獻委員會。

社團法人臺灣糖業文化編輯委員會（2008），《臺灣製糖株式會社歷史圖
　　說集》。臺北：財團法人臺灣武智紀念基金會。

涂照彥（2008），《日本帝國主義下的臺灣》。臺北：人間。

施添福編纂，吳進喜撰述（2000），《臺灣地名辭書卷五：高雄縣（第一冊）》。南投：臺灣省文獻委員會。

柯志明（2006），《米糖相剋：日本殖民主義下臺灣的發展與從屬》。臺北：群學。

國立編譯館主編，王啟柱編著（1979），《蔗作學》。臺北：國立編譯館。

陳文尚編纂，黃致誠、薛雅惠、趙建雄著（1997），《高雄縣產業》。高雄：高雄縣政府。

陳正美（2005），《嘉南大圳與八田與一》。臺北：行政院農業委員會。

陳正祥（1993），《臺灣地誌　中冊》。臺北：南天書局。

陳國川編纂，許淑娟等撰述（2008），《臺灣地名辭書　卷五　高雄縣第二冊（下）》。南投：國史館臺灣文獻館。

黃雯娟（1998），《宜蘭縣水利發展史》。宜蘭：宜蘭縣政府。

臺灣銀行金融研究室編印（1950），《臺灣水利之問題》，臺灣研究叢刊第四種。臺北：臺灣銀行。

臺糖60週年慶籌備委員會編輯組（2006），《臺灣六十週年慶紀念專刊——臺灣糖業之演進與再生》。臺南：臺灣糖業股份有限公司。

臺灣農家要覽策劃委員會編輯委員會（1980），《臺灣農家要覽》。臺北：財團法人豐年社。

臺灣糖業股份有限公司編印（1976），《臺糖三十年發展史》。臺北：臺灣糖業股份有限公司。

臺灣糖業股份有限公司編印（1996），《臺糖五十年》。臺北：臺灣糖業股份有限公司。

戴寶村（2008），《陳中和家族史——從糖業貿易到政經世界》。臺北：玉山社。

（三）期刊論文

王世慶（1985），〈從清代臺灣農田水利的開發看農村社會關係〉，《臺灣文獻》，36（2），頁 107-150。

李力庸（2009），〈日本帝國殖民地的戰時糧食統制體制：臺灣與朝鮮的比較研究（1937-1945）〉，《臺灣史研究》，16（2），頁 63-104。

施添福（1980），〈地理學中的人地傳統及其主要的研究主題〉，《國立臺灣師範大學地理學研究報告》，（6），頁 203-242。

施添福（1995），〈區域地理的歷史研究途徑：以清代臺灣岸裡地區為例〉，《空間、力與社會》。臺北：中央研究院民族學研究所，頁 39-73。

施添福（1996），〈【導讀】《臺灣堡圖》日本治臺的基本圖〉，《臺灣堡圖（上）》。臺北：遠流，頁 1-4。

孫鐵齋（1956），〈臺灣嘉南大圳輪作制度之初步研究〉，《臺灣銀行季刊》，8（3），頁 164-177。

淺田喬二著，張炎憲譯（1981），〈在臺日本大地主階級的存在結構〉，《臺灣風物》，31（4），頁 51-94。

許淑娟（2011），〈話曹公圳興築與運作〉，《臺灣濕地雜誌》，（62），頁 107-113。

許淑娟（2013），〈高屏溪流域的族群拓殖〉，《臺灣學通訊　河川（二之一）》，（73），頁 12-15。

陳芳惠（1979），〈桃園臺地的水利開發與空間組織的變遷〉，《國立臺灣師範大學地理學研究報告》，（5），頁 49-77。

彭作奎（1984），〈稻田轉作之時代背景〉，《臺灣經濟》，（85），頁 6-15。

黃雯娟（1998），〈清代臺北盆地的水利事業〉，《臺灣文獻》，49（3），頁 147-169。

廖風德（1985），〈清代臺灣農村埤圳制度——清代臺灣埤圳制度之一〉，《國立政治大學歷史學報》，（3），頁 147-191。

趙祐志（2011），〈日治時期高雄陳家的資本網絡分析：以企業經營與投資為中心〉，《臺灣文獻》，62（4），頁 417-482。

（四）學位論文

吳育臻（2003），〈臺灣糖業「米糖相剋」問題的空間差異（1895-1954）〉。臺北：國立臺灣師範大學地理學系博士論文。

陳鴻圖（2001），〈嘉南大圳研究（1901-1993）——水利、組織與環境的互動歷程〉。臺北：國立政治大學歷史學系博士論文。

黃雯娟（1990），〈清代蘭陽平原的水利開發與聚落發展〉。臺北：國立臺灣師範大學地理研究所碩士論文。

楊淑玲（1994），〈桃園臺地之水利社會空間組織的演化〉。臺北：國立臺灣師範大學地理研究所碩士論文。

蔡泰榮（2002），〈曹公圳及相關水利設施對鳳山平原社會、經濟之影響〉。臺南：國立臺南師範學院鄉土文化研究所碩士論文。

謝佳純（2006），〈屏東中北部平原河川浮覆地的土地利用與變遷（1927-2006）〉。高雄：國立高雄師範大學地理學系碩士論文。

顧雅文（2000），〈八堡圳與彰化平原人文、自然環境變遷之互動歷程〉。臺北：國立臺灣大學歷史學研究所碩士論文。

（五）報紙

〈大寮鄉拷潭村　早稻均在出穗〉（1950 年 3 月 28 日），《民聲日報》，
　　第 5 版。

〈高雄早稻登場　預計可收穫十二萬公噸　結實豐碩病害均無影響〉
　　（1953 年 4 月 6 日），《聯合報》，第 3 版。

〈綠色產業區變色　大寮地主反彈〉（2012 年 8 月 13 日），《中國時
　　報》，第 C2 版。

二、日文資料

（一）專書、期刊與其他

作者不詳（1937），〈耕地の集約的利用と糊仔甘蔗の特色〉，《糖業》，
　　（289），頁 40-43。

河野道忠（1919），《臺灣總督府職員錄》。臺北：株式會社臺灣日日新
　　報社。

河野道忠（1920），《臺灣總督府職員錄》。臺北：株式會社臺灣日日新
　　報社。

河野道忠（1921），《臺灣總督府職員錄》。臺北：株式會社臺灣日日新
　　報社。

柴辻誠太郎（1918），《臺灣總督府文官職員錄》。臺北：株式會社臺灣
　　日日新報社。

高雄州（1930），《高雄州水利梗概》，高雄州。

高雄州（1936），《高雄州產業調查會農業部資料　上》。

高雄州（1936），《高雄州產業調查會農業部資料　下》。

高雄州知事官房文書課（1935-1938），《高雄州統計書》。

國史館臺灣文獻館藏，明治 40 年（1907），〈陳文遠官有地無償貸付許可〉，《臺灣總督府公文類纂》，第 10963 冊，第 12 號，永久保存。

曹公水利組合（1934），〈大寮方面灌溉擴張工事〉，《臺灣の水利》，4（2），頁 79-85。

曹公水利組合（1934），《大寮方面灌溉擴張工事概要》。

陳在河（1943），〈一期糊仔甘蔗栽培に就て〉，《臺灣農會報》，（10），頁 34-45。

森周六（1935），《農業用揚水機》。東京：西ケ原刊行會。

漁郎（1932），〈大寮方面灌溉擴張工事起工報告式舉行〉，《高雄州時報》，（23），頁 69-73。

臺灣水利協會（1933），〈圖 2 說明（高雄州曹公水利組合大寮方面灌溉擴張工事）〉，《臺灣の水利》，3（4），封面後第 6 頁。

臺灣總督府內務局（1938），《下淡水溪治水事業概要》。

鳳山郡役所（1932-1936，1938-1939），《鳳山郡要覽》。

鳳山廳（1909），《鳳山廳第一統計書》。

澁谷紀三郎（1916），〈看天田に關する研究〉，《臺灣農事報》，（119），頁 19-28。

臨時臺灣土地調查局（1905），《臺灣土地慣行一斑》。臺北：臺灣日日新報社。

（二）報紙

《府報》第 1853 號（1905 年 10 月 25 日）。臺北：臺灣總督府。

《府報》第 2316 號（1907 年 11 月 16 日）。臺北：臺灣總督府。

《府報》第 574 號（1929 年 1 月 23 日）。臺北：臺灣總督府。

《府報》第 1025 號（1930 年 12 月 9 日）。臺北：臺灣總督府。

《府報》第 3737 號（1939 年 11 月 18 日）。臺北：臺灣總督府。

《府報》第 3967 號（1940 年 8 月 17 日）。臺北：臺灣總督府。

《臺灣總督府官報》第 426 號（1943 年 9 月 2 日）。臺北：臺灣總督府。

《臺灣總督府官報》第 501 號（1943 年 12 月 3 日）。臺北：臺灣總督府。

臺灣總督府（1898-1944），《臺灣日日新報》。臺北：臺灣日日新報社。

臺灣總督府（1905-1911），《漢文臺灣日日新報》。臺北：臺灣日日新報
　　社。

三、地圖

大日本帝國陸地測量部（1921-1928 調製），《二萬五千分之一臺灣地形
　　圖》。

大日本帝國陸地測量部、臺灣總督府民政部警察本署（1938），《五萬分
　　之一臺灣地形圖》。

大日本帝國陸地測量部、臺灣總督府民政部警察本署編著，上河文化
　　股份有限公司原圖復刻新解（2007），《日治時期五萬分之一臺灣地
　　形圖新解》。臺北：上河文化。

內政部（2005），《高雄縣大寮鄉行政區域圖》。臺北：內政部。

林務局農林航空測量所（1999），《二萬五千分之一經建版地形圖（第三
　　版）》。臺北：內政部。

林務局農林航空測量隊（1975），《五千分之一中華民國臺灣地區像片基
　　本圖　（第一版）》。

林務局農林航空測量隊（1982），《五千分之一中華民國臺灣地區像片基
　　本圖　（第二版）》。

林務局農林航空測量隊（1988），《五千分之一中華民國臺灣地區像片基本圖　（第三版）》。

林務局農林航空測量隊（1996），《五千分之一中華民國臺灣地區像片基本圖　（第四版）》。

高雄農田水利會大寮工作站，《高雄農田水利會大寮工作站灌溉排水系統圖》。

臺灣總督府臨時臺灣土地調查局（1904），《二萬分之一臺灣堡圖》。臺北：臺灣日日新報社。

四、其他

〈新興製糖株式會社〉，高雄市立歷史博物館典藏資料，登錄號：KH2015.005.457。

中央氣象局（1982-2011），《氣候資料年報　第一部分——地面資料》。臺北：交通部中央氣象局。

吳志銘主編（2003），《臺灣地下水資源圖說明書》。臺北：經濟部水利署。

林朝宗主編（2002），《臺灣地區地下水觀測網第一期計畫　屏東平原水文地質調查研究總報告》。臺北：經濟部中央地質調查所。

高雄農田水利會會誌編輯委員會（2008），《臺灣省高雄農田水利會會誌（第二冊）》。

高雄縣政府主計室（1950-2010），《高雄縣統計要覽》，高雄：高雄縣政府主計室。

國立中興大學土壤學系（1975），《高雄縣土壤調查報告》。臺中：國立中興大學。

經濟部中央地質調查所編印（1986），《臺灣地質圖》。臺北：經濟部中
　　央地質調查所。

五、網路資源

農田水利入口網，〈內面工渠道〉。資料檢索日期：2013 年 6 月 26 日。網
　　址：http://doie.coa.gov.tw/vocabulary/vocabulary-detail.asp?id=160004。

經濟部工業局大發（兼鳳山）工業區服務中心，〈工業區簡介下載〉。資
　　料檢索日期：2013 年 7 月 8 日。網址：http://www.moeaidb.gov.tw/
　　iphw/tafa/intro.pdf。

經濟部工業局大發（兼鳳山）工業區服務中心，〈園區簡介〉。資料檢索
　　日期：2013 年 7 月 8 日。網址：http://www.moeaidb.gov.tw/iphw/ta
　　fa/index.do?id=10。

維基百科，〈臺 29 線〉。資料檢索日期：2016 年 8 月 14 日。網址：http
　　s://zh.wikipedia.org/wiki/%E5%8F%B029%E7%B7%9A。

附錄 1　田野調查半結構式訪談問卷內容

親愛的大寮鄉親前輩，您好：

　　學生因為學術研究需要，正進行一項有關「**大寮圳灌溉區農地經營與用水的關係變化（1933-2012）**」之學術性研究，需要了解大寮圳灌溉水對於灌溉區農地利用的影響與變化。因此，請您依照您個人使用灌溉水的狀況與從事農務的經驗，回答下列問題，您的寶貴意見將有助於學生在研究上的了解。

　　本問卷僅供學術研究使用，資料絕不外洩，十分感謝您抽空填寫，敬請安心回答。

編號：＿＿＿＿＿

調查日期：＿＿年＿＿月＿＿日

地點：＿＿＿＿區＿＿＿＿里，聚落名稱：＿＿＿＿＿＿＿

姓名：＿＿＿＿＿＿＿＿＿＿　性別：＿＿＿　年齡：＿＿歲

住址：＿＿＿＿＿＿＿＿＿＿＿＿＿＿＿＿＿＿＿＿＿＿＿

電話：＿＿＿＿＿＿＿＿＿＿

- -

壹、受訪者基本資料

1. 籍貫：＿＿＿＿＿＿＿＿＿＿＿＿＿

2. 原居地：＿＿＿＿＿＿＿＿＿＿＿＿

3. 住在大寮區已經＿＿＿＿年。

4. 從事農事有多久了？＿＿＿＿＿＿＿
　（專業／兼業）

貳、灌溉區農地的基本資料

1. 土地位置：＿＿＿＿＿＿＿＿＿＿＿
   （在相片基本圖中標出田地的位置及範圍）
2. 土地性質：＿＿＿＿＿＿＿＿＿＿＿
3. 土地面積：＿＿甲＿＿分。
4. 土地分成幾＿＿塊。分別在哪些地方？＿＿＿＿＿＿＿＿＿
   分別種些什麼？＿＿＿＿＿＿＿＿＿
5. 田地的用水來源為何？
   □水圳（水圳名稱＿＿＿＿＿＿＿＿）
   □地下水井（□自有、□他人），何時建造？＿＿＿＿＿＿＿＿，
   　所需花費？＿＿＿＿＿＿＿＿＿，水井有多深？＿＿＿＿＿
   □其它＿＿＿＿＿（□噴帶灌溉（平臺引水）、□噴頭灌溉、
   　□滴水灌溉、□其它＿＿＿＿＿）
   □雨水
6. （承第 5 題）如果選**其它**，為什麼選擇此種灌溉方式？
   ＿＿＿＿＿＿＿＿＿＿＿＿＿＿＿＿＿＿＿＿＿＿＿＿＿＿＿＿
7. 此地的灌溉水充足嗎？＿＿＿＿＿＿＿＿＿＿＿＿＿＿＿＿
8. 若在**一月**與**夏天**面臨灌溉水不足時，如何因應？
   ＿＿＿＿＿＿＿＿＿＿＿＿＿＿＿＿＿＿＿＿＿＿＿＿＿＿＿＿
   以前與**現在**的用水（通水）的情形，有怎樣的差別？
   ＿＿＿＿＿＿＿＿＿＿＿＿＿＿＿＿＿＿＿＿＿＿＿＿＿＿＿＿
9. 是否因水源的取得，影響您種植作物的選擇，而您如何選擇？
   ＿＿＿＿＿＿＿＿＿＿＿＿＿＿＿＿＿＿＿＿＿＿＿＿＿＿＿＿
10. 農田的灌溉時間是什麼時候？＿＿＿＿＿＿＿＿＿＿＿＿＿＿
    灌溉次數為何？＿＿＿＿＿＿＿＿＿＿＿＿＿＿＿＿＿＿

田地離水門多遠？＿＿＿＿＿＿＿＿＿＿＿＿＿＿＿

一天之中，水圳何時**關水**與**通水**？＿＿＿＿＿＿＿＿＿＿

一年當中，水圳何時**關水**與**通水**？＿＿＿＿＿＿＿＿＿＿

通水與**關水**的制度，會如何影響作物的種植？＿＿＿＿＿＿＿

會因為您個人的農作需求，而自己開水門引水灌溉嗎？

＿＿＿＿＿＿＿＿＿＿＿＿＿＿＿＿＿＿＿＿＿＿＿

11. 年中的農地利用（何時種什麼作物？）

農曆月	1	2	3	4	5	6	7	8	9	10	11	12
作物組成												

12. 【**水田**】作物栽植於年中各時期的一天日中工作時序

小時	24	2	4	6	8	18	12	14	16	18	20	22
年中工作內容												

13.【旱田】作物栽植於年中各時期的一天的日中工作時序

小時	24	2	4	6	8	18	12	14	16	18	20	22
年中工作內容												

參、灌溉區農地利用變遷

（一）日治時期

1. 您知道日治時代或更早的時候，這裡都種些什麼嗎？

   _____

2. 您知道日治時代高屏溪還沒蓋堤防之前，這裡的村莊會淹水嗎？

   _____

   而當時的居民如何面對水災？ _____

   當時土地是怎麼樣的狀況？ _____

3. 您知道當時人民對於水圳的興建，是有怎麼樣的看法？

   _____

（二）戰後初期

1. 您知道在臺灣光復時，當時是種些什麼作物？

   _____

2. 您知道當時的管水制度與日治時代有怎麼樣的差別嗎？

   _____

（三）工業化之後

1. 在工廠**出現前**，您都種些什麼作物？＿＿＿＿＿＿＿＿＿＿＿
   而工廠**出現後**，您是種些什麼作物？＿＿＿＿＿＿＿＿＿＿＿

2. 這裡的工廠是在什麼時候出現？＿＿＿＿＿＿＿＿＿＿＿＿＿
   而工廠是由**本地人**，還是**外地人**所經營？＿＿＿＿＿＿＿＿＿

3. 工廠的設立，對於您在水圳與灌溉水的使用上，會有怎麼樣的影
   響？＿＿＿＿＿＿＿＿＿＿＿＿＿＿＿＿＿＿＿＿＿＿＿＿＿＿＿
   而工廠的排放水，對於此地的灌溉水與您在使用時，有怎麼樣的
   影響？＿＿＿＿＿＿＿＿＿＿＿＿＿＿＿＿＿＿＿＿＿＿＿＿＿＿

4. 對您而言，工廠在此地設立，這會影響您在作物種植上的選擇嗎？
   ＿＿＿＿＿＿＿＿＿＿＿＿＿＿＿＿＿＿＿＿＿＿＿＿＿＿＿＿＿

（四）現在

1. 您的農田所種植的＿＿＿＿＿＿，而是什麼品種？＿＿＿＿＿＿＿
   為什麼會選此品種栽植？＿＿＿＿＿＿＿＿＿＿＿＿＿＿＿＿＿＿
   而這與灌溉用水是有怎麼樣的關係？＿＿＿＿＿＿＿＿＿＿＿＿＿

2. 這裡現在大部分種什麼比較多？＿＿＿＿＿＿＿＿＿＿＿＿＿＿＿
   種多久了？＿＿＿＿＿＿＿＿＿＿＿＿＿＿＿＿＿＿＿＿＿＿＿＿
   何時開始種的？＿＿＿＿＿＿＿＿＿＿＿＿＿＿＿＿＿＿＿＿＿＿
   還有種些什麼？＿＿＿＿＿＿＿＿＿＿＿＿＿＿＿＿＿＿＿＿＿＿
   在種該＿＿＿＿＿＿作物之前，過去種什麼比較多？＿＿＿＿＿＿

3. （承第 3 題）您為什麼要改變田地原本所栽植的作物，而改種其他
   作物呢？＿＿＿＿＿＿＿＿＿＿＿＿＿＿＿＿＿＿＿＿＿＿＿＿＿

4. 如遇到**雨水過少**，或**雨水過多**時，您在作物的種植上，要如何面
   對？＿＿＿＿＿＿＿＿＿＿＿＿＿＿＿＿＿＿＿＿＿＿＿＿＿＿＿＿

5. 現在，因為農地減少或作物栽植的改變，就您所知，田地對於灌
   溉水的依賴有著怎樣的轉變？＿＿＿＿＿＿＿＿＿＿＿＿＿＿＿＿

（四）土地利用與經營內容（作物栽植的變遷）

年代		光復初期	1950s	1960s	1970s	1980s	1990s	2000至今
田地／種植作物	A							
	B							
	C							
	D							
	E							

附錄 2 高雄農田水利會大寮工作站退休站員 半結構式訪談問卷內容

親愛的高雄農田水利會大寮工作站前輩，您好：

學生因為學術研究需要，正進行一項有關「**大寮圳灌溉區農地經營與用水的關係變化（1933-2012）**」之學術性研究，需要了解大寮圳灌溉水對於灌溉區農地利用的影響與變化。因此，請您依照您個人在水利會工作站的工作經驗與對農事的所知所聞，回答下列問題，您的寶貴意見將有助於學生在研究上的了解。

本問卷僅供學術研究使用，資料絕不外洩，十分感謝您抽空填寫，敬請安心回答。

問卷編號：_____

訪問日期：____年____月____日

訪問地點：_____區_____里，聚落名稱：_____

姓名：_____ 性別：____ 年齡：____歲

住址：_____

電話：_____

壹、受訪者基本資料

1. 籍貫：_____

2. 原居地：_____

3. 在大寮工作站工作已經_____年，何時退休？_____

4. 大寮工作站從事工作的職位為何？_____
   其工作內容為何？_____

貳、在農田水利會大寮工作站的工作經驗

（一）個人工作經驗簡歷

1. 您在大寮工作站工作已經_____年，何時退休？_____
2. 您在大寮工作站從事工作的職位為何？_____
   其工作內容為何？_____
   負責的哪一個輪灌區？_____

（二）日本時代

1. 據您所知，**日本時代**的大寮圳是由何單位負責管理嗎？
   _____

2. 據您所知，日本時代的大寮圳是怎樣實施「**輪水番**（輪灌制度）」
   嗎？_____
   是以每幾天為一周期進行輪灌？_____

（三）戰後至今（民國 34 年至 101 年至今）

1. 戰後，大寮圳還有繼續擴建嗎？_____
   其擴建的內容為何？_____
2. 戰後的「**輪水番**（輪灌制度）」情形為何？_____
   是以每幾天為一周期進行輪灌？_____
3. 就您所知，林園大排是什麼時候蓋好的？_____
4. **拷潭**與**內坑**兩地是什麼時候納入大寮工作站的管理範圍？
   _____

   拷潭與**內坑**兩地，是引大寮圳還是林園大排的水來灌溉的？
   _____

5. 據您所知，大寮這裡什麼開始有工廠出現？
   _____

工廠的出現與大發工業區的設立，對於大寮圳有什麼影響？

_____

6. **土地（農地）重劃**，對於大寮圳有什麼樣的影響？

_____

參、大寮區的農事（作物栽植與灌溉用水的關係）

（一）不同時期的作物栽植變化

1. 就您所知，**日本時代**，此地主要種植哪些作物？_____
   戰後初期（民國 30-50 年代），此地主要種植哪些作物？_____
   工廠出現後（民國 60-70 年代），此地作物的栽植有怎樣的改變？

   _____

   近年來（民國 80 年代至今），此地作物的栽植又有怎樣的轉變？

   _____

2. **工廠**與**工業區**的出現（民國 60-70 年代），對於灌溉區的哪些地方，造成怎麼樣的影響？_____

3. 承第 2 題，灌溉區內的農民們，他們對於工廠與工業區的出現，有著怎麼樣的反應？_____
   廠和工業區的出現，對於灌溉水有怎麼樣的影響？

   _____

（二）大寮區的糖廠蔗作區

1. 就您所知，大寮區的甘蔗園範圍為何？_____

2. 糖廠的甘蔗園對於大寮圳灌溉水的利用程度為何？

   _____

3. 就您所知，有無有甘蔗園與水稻田相互爭奪灌溉用水的情形？

   _____

若有上述情形，在哪些地方，有甘蔗園與水稻田相互爭奪灌溉用水的情形？_____

4. 據您所知，糖廠是如何繳交**水租**的？其費用是如何計算的？

_____

（三）灌溉用水的使用情形

1. 在哪些地方，會有農民因為灌溉用水，而發生**搶水**或**爭水**的糾紛和衝突？_____
   若有這類的衝突與糾紛，就您所知，或個人的調解經驗，其狀況的經過和情形為何？_____

2. 為什麼過溪、潮寮、會結、昭明雖屬於大寮圳的灌溉範圍，但當地農民說，約三十年前就無水灌溉了？

_____

3. 承上題，農田水利會與大寮工作站是如何解決這些地方無水灌溉的狀況？_____

4. 就您所知，當地何時開始有農民會自行鑿井抽地下水灌溉田園？

_____

在哪些地方，農民會比較普遍自行鑿井抽地下水灌溉田園？

_____

5. 農民是如何繳交**水租**的？其費用是怎樣計算的？_____

6. 各輪灌區內，轄下會有**工作班**負責田間**小給水路**的水門開關，其工作班的成員組成為何？而成員是如何僱用呢？

_____

【問卷問題結束，感謝您的回答與指教！】

附錄3 日治時期《臺灣日日新報》關於大寮圳的報導

日期	標題	版次
大正 13 年（1924）9 月 12 日	灌漑二千甲に及ぶ　曹公圳擴張計畫　調查に三箇月を要す	1
大正 14 年（1925）2 月 28 日	輿論／對於大寮庄水圳開鑿之管見	4
大正 15 年（1926）6 月 26 日	鳳山大寮庄　埤川新設打合	2
大正 15 年（1926）7 月 24 日	農民が大喜びの鳳山大寮水利事業は長興水利組合か經營	2
大正 15 年（1926）7 月 25 日	大寮水利事業　農民大悅　委長興水組經營	4
大正 15 年（1926）8 月 23 日	大寮圳の設置　業主間に調印	2
昭和 3 年（1928）3 月 23 日	曹公水利　新埤圳　灌漑面積二千甲　目下申請中	1
昭和 3 年（1928）7 月 29 日	鳳山大寮庄　水利工事　每甲工費	4
昭和 6 年（1931）8 月 16 日	工費五十餘萬圓を投じ　新埤圳開鑿の計畫　鳳山郡下大寮庄一帶の　懸案愈愈實現か	3
昭和 6 年（1931）8 月 17 日	鳳山大寮籌開埤圳　工費五十餘萬圓　灌漑千七百餘甲	8
昭和 6 年（1931）10 月 21 日	五十三萬七千圓を投じ　大寮灌漑擴張工事　昭和六七年に亙る繼續事業	3
昭和 6 年（1931）10 月 24 日	大寮灌漑擴張工事　投五十三萬七千圓　為昭和六七年繼續事業	4
昭和 6 年（1931）10 月 30 日	鳳山大寮　灌漑工事　多望當局　思	8
昭和 6 年（1931）12 月 4 日	鳳山大寮灌漑工事　粟賤住民極度悲觀　促當局考慮俟機行之	4
昭和 7 年（1932）1 月 10 日	鳳山郡大寮庄の水利工事起工式　十三日曹公祠で舉行	3
昭和 7 年（1932）1 月 11 日	大寮庄水利　起工式	8
昭和 7 年（1932）1 月 14 日	大寮灌漑擴張工事　十三日鍬入式を舉行	3
昭和 7 年（1932）1 月 15 日	大寮灌漑　擴張工事　十三日開土式	4
昭和 7 年（1932）6 月 13 日	鳳山郡下新鑿圳路　請求甘蔗損害賠償　十日評價決定如數與之	8
昭和 7 年（1932）7 月 23 日	工費五十萬圓の　大寮灌漑工事　既に七分通りを完成　小給水路は雨期に著手	3

日期	標題	版次
昭和7年（1932）11月30日	大寮灌溉工事　八分通り完成　小給水路工事は地元民負擔	3
昭和7年（1932）12月2日	鳳山郡大寮　灌溉工事　已完成八分	4
昭和8年（1933）7月24日	大寮灌排工事　七月上旬竣功	2
昭和8年（1933）7月27日	大寮灌溉工事　七月竣功	4
昭和9年（1934）1月22日	五十餘萬圓を投じた　大寮灌溉擴張工事二月上旬竣功式舉行	3
昭和9年（1934）1月24日	大寮灌溉　擴張工事　按來月竣工	4
昭和9年（1934）2月9日	大寮灌溉　工事告竣　報告于曹公祠	8
昭和10年（1935）1月28日	灌溉排水の併行を要望する新興の蔗作鳳山大寮庄の灌溉區域は　米作に好影響蔗作は惡化	3
昭和10年（1935）2月4日	大寮庄新興區域　耕米優于種蔗　灌溉排水要併行	4
昭和10年（1935）2月13日	大寮庄部落民の曹公圳盜水問題　高雄州警務當局で適當な　解決方を目下攻究中	3
昭和10年（1935）5月27日	大寮埤圳と新興製糖の惱み　大寮一帶の蔗作の爲に　排水施設を要望さる	3
昭和11年（1936）4月30日	水溝開鑿　地主簽印　工費四萬圓	8
昭和11年（1936）7月7日	高雄大寮圳　排水施設　將來三年輪作	12

附錄 4 戰後的報紙關於大寮鄉（區）與大寮圳的相關報導

日期	標題	報刊名	版次
民國 42 年（1953）4 月 16 日	高雄早稻登場　預計可收穫十二萬公噸 結實豐碩病害均無影響	聯合報	3
民國 42 年（1953）8 月 6 日	大寮鄉灌溉欠調　高水委會有說明	聯合報	5
民國 42 年（1953）8 月 13 日	大寮仁武鄉一帶，亟待引水灌溉， 以利早稻插秧，高縣邀各界座談	臺灣民聲 日報	5
民國 42 年（1953）7 月 19 日	各地苦亢旱　稻禾枯欲死	聯合報	5
民國 44 年（1955）3 月 2 日	旱魃阻春耕　秧苗難下田 各地紛採輪流灌溉　多處水田改作雜糧	聯合報	5
民國 51 年（1962）2 月 13 日	大寮圳幹線地下水，灌溉工程計劃。 高雄水利會已訂定	臺灣民聲 日報	5
民國 52 年（1963）4 月 30 日	大寮林園麻豆等地　農田缺水情形嚴重 鄉農亟盼水利當局解決	聯合報	7
民國 58 年（1969）7 月 21 日	林園大寮建排水溝　昨天舉行啟閘儀式	經濟日報	6
民國 77 年（1988）12 月 3 日	放心！沒有鉻汙染 大寮鳥松農地檢驗在安全範圍內	聯合晚報	4
民國 78 年（1989）3 月 9 日	高雄缺水　灌溉水幫不上忙 汙染嚴重　飲水須另謀生路	聯合晚報	3

附錄5　陳文遠官有地無償貸付許可

蔗園開設付官有地

出願地位置：鳳山廳小竹下里赤崁庄^{土名}潮洲蔟

　　　　　仝　　廳仝　　里大蔟庄^{土名}大　蔟

仝　　廳仝　　里仝　庄^{土名}芎蕉腳

仝　　廳小竹上里翁公園庄

仝　　廳仝　　里磚仔磘庄

出願地種目：原野

出願地面積：壹千。七拾八甲七分六厘五毛四絲但明細別表，

通臺灣糖業獎勵規則

遵守之右塲處ヲ蔗園二開墾致度候二付無償二テ貸

付相成度別紙設計

書籍身分證明書並二出願地々圖相添此段相願候

也。

明治四拾年十月六日

鳳山廳大竹里苓雅蔟庄

陳文遠

赤崁區庄長　張簡忠

翁公園區庄長　簡汝准

苓雅蔟區庄長　陳文遠

臺灣總督伯爵佐久間左馬太　殿

資料來源：明治 40 年（1907），〈陳文遠官有地無償貸付許可〉，《臺灣總督府
公文類纂》，第 10963 冊，第 12 號，永久保存，頁 7。

出願地地番及甲數明細

一原野壱千・七拾八七分六厘五毫

內　譯

里　落	地　番	甲	數	里　落	地　番	甲	數
小竹下里赤崁庄 土名潮洲藔	44	275	7042	小竹下里大藔庄 土名荸蕉腳	1	15	9000
	238	53	7685		55	7	8490
	237	1	1570		54	21	9605
	310	21	7195		12	13甲	6915
	389	2	9415	計	4筆	59	4010
	225	16	7190	小竹上里 翁公園庄	15	20	7135
	404	8	0395		25	2	6275
	478	8	4400		43	4	4690
	481	29	4920		51	2	2575
	507	3	7745		67	2	1575
	517	1	3545		80	32	1960
	523	8	8440		81	43	3510
	568		1170		57	7	7830
	570	3	5065		89	2	3885
	978	2	2795		117		6460
	1001		7230		150	1	4850
	1003	3	5600		162	18	0330
	1016	2	8195		484		5530
	1025		3140		488		1490
計	19筆	445	9735		499	1	2610
小竹下里大藔庄 土名大藔	1	137	5135		166	1	5585
	109	94	0100		204	6	1490
	119	5	0470		209	22	3265
	126	1	3625		223	45	8050
	128	1	8755		223	41	2885
	141	4	1945		232	1	1655
計	6筆	244	0030		235		8133
					277		1695
				計	23	260	4455

【接續下頁表格】

【接續上頁表格】

里　落	地番	甲	數
小竹下里 磚仔磘庄	257	1	9555
	258	3	0088
	358	27	5556
	466	1	2680
	474	4	5970
	498	1	4510
	515	7	7015
	516		4680
	549	4	0390
	355	6	9980
計	10	68	9424
合　計	62筆	1078	7654

資料來源：明治 40 年（1907），〈陳文遠官有地無償貸付許可〉，《臺灣總督府公文類纂》，第 10963 冊，第 12 號，永久保存，頁 8-9。

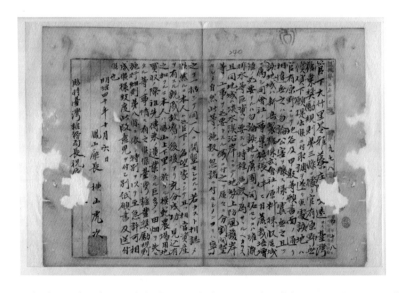

明治 40 年（1907），〈陳文遠官有地無償貸付許可〉，《臺灣總督府公文類纂》，第 10963 冊，第 12 號，永久保存，頁 5。

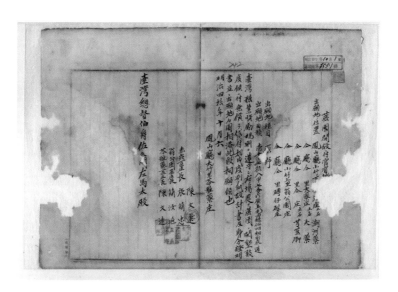

明治 40 年（1907），〈陳文遠官有地無償貸付許可〉，《臺灣總督府公文類纂》，
第 10963 冊，第 12 號，永久保存，頁 7。

明治 40 年（1907），〈陳文遠官有地無償貸付許可〉，《臺灣總督府公文類纂》，
第 10963 冊，第 12 號，永久保存，頁 8。

明治 40 年（1907），〈陳文遠官有地無償貸付許可〉，《臺灣總督府公文類纂》，
第 10963 冊，第 12 號，永久保存，頁 9。

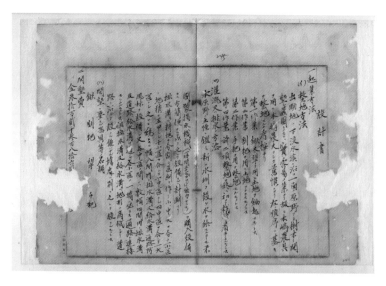

明治 40 年（1907），〈陳文遠官有地無償貸付許可〉，《臺灣總督府公文類纂》，
第 10963 冊，第 12 號，永久保存，頁 10。

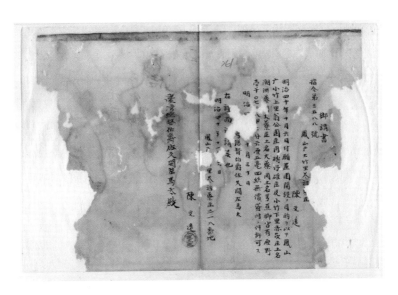

明治 40 年（1907），〈陳文遠官有地無償貸付許可〉，《臺灣總督府公文類纂》，
第 10963 冊，第 12 號，永久保存，頁 26。

附錄6 大寮圳灌溉區（農業用電）電表申請時間 抽樣調查

第四版像片 基本圖圖名	村里名	電表號碼	申請時間 （民國年/月/日）	備註
義和村	江山里	39-7001-00	43/07/01	農田水利會所有
		39-7001-01	92/04/01	農田水利會所有
		39-2002-05	查無申請資料	-
		39-7569-11	83/11/01	-
		39-7569-16	86/07/01	-
		39-7569-01	76/12/01	-
		39-6152-01	101/10/23	-
	溪寮里	39-7001-30	查無申請資料	-
		39-7176-79	79/05/01	-
		39-7009-08	83/09/01	-
		39-7000-06	88/02/01	-
		39-7009-30	85/10/01	-
翁公園	琉球里	7365-35	98/08/05	-
		38-7358-24	86/06/01	-
		38-7365-25	99/06/07	-
		38-6138-89	84/06/01	-
		38-6138-99	99/06/07	-
		38-6138-82	93/08/01	-
		38-6138-92	83/02/01	-
		38-6136-96	85/06/01	-
		38-5910-81	91/07/01	-
		38-5901-52	85/01/01	-
		38-6068-59	85/07/01	農地無水圳灌溉
		38-6085-62	79/12/01	-
		38-6085-60	79/03/01	位於臺糖大寮農場
		38-6085-82	79/05/01	-
		38-6085-80	79/05/01	-

（續上頁）

第四版像片基本圖圖名	村里名	電表號碼	申請時間（民國年/月/日）	備註
翁公園	三隆里	38-6663-52	81/01/01	-
		38-6616-50	71/07/01	-
		38-6616-55	70/08/01	-
		38-6616-73	102/01/22	-
		38-6619-25	101/10/12	-
		38-6619-21	77/07/01	-
		38-8159-32	87/07/01	-
		38-8159-31	83/02/01	-
		38-8159-40	99/01/25	-
		38-8159-30	82/09/01	-
		38-8159-26	83/01/01	-
		38-8159-34	94/12/14	-
		38-8159-24	84/05/01	-
		38-8159-33	91/06/01	-
		38-8159-20	70/12/01	-
		38-8159-16	85/12/01	-
		38-8159-21	70/12/01	-
		38-8159-14	86/06/01	-
		38-8159-18	70/12/01	-
		38-8159-47	101/01/18	-
		38-8159-03	78/01/01	-
		38-8159-08	69/07/01	-
		38-8159-41	100/07/12	-
		38-8159-07	71/07/01	-
		38-6619-50	80/05/01	-
		38-6619-86	88/10/01	-
		38-6619-87	89/12/01	-
		38-6619-85	71/02/01	-
		38-6619-52	87/08/01	-
		38-6619-53	89/12/01	-

（續上頁）

第四版像片基本圖圖名	村里名	電表號碼	申請時間（民國年／月／日）	備註
翁公園	三隆里	38-6619-76	80/06/01	-
		38-6619-77	83/06/01	-
		38-6619-88	83/03/01	-
		38-6619-83	86/01/01	-
		38-6942-06	76/04/01	-
		38-6942-05	93/09/01	-
		38-6942-07	96/09/14	-
		38-6942-10	85/11/01	-
		38-6925-07	87/09/01	-
		38-6925-14	91/02/01	-
		38-6719-37	70/02/01	-
	上寮里	38-7240-15	81/08/01	-
		38-7298-13	86/07/01	-
		38-7298-14	86/10/01	-
		38-7298-50	86/11/01	-
		38-7298-51	92/09/01	-
		38-7837-56	查無申請資料	-
		38-7837-76	查無申請資料	-
		38-7208-62	91/07/01	-
		38-7206-60	71/09/01	-
過溪	過溪里	38-8362-31	66/09/01	-
		38-8362-58	71/12/01	-
		38-8356-95	80/07/01	-
		38-8356-80	76/10/01	-
		38-8356-75	74/09/01	-
		38-8356-60	71/06/01	-
		38-8356-45	80/07/01	-
		38-8398-50	81/07/01	-
		38-8339-39	86/09/01	-
		38-8339-38	69/11/01	農地已被填土
		38-8339-30	69/10/01	農地已被填土
		38-8340-21	83/02/01	-

（續上頁）

第四版像片基本圖圖名	村里名	電表號碼	申請時間（民國年 / 月 / 日）	備註
過溪	過溪里	38-8339-22	80/11/01	-
		38-8339-05	79/01/01	-
		38-8339-03	72/02/01	-
		38-8340-06	78/10/01	-
		38-8375-94	78/09/01	-
		38-8559-17	78/06/01	-
	潮寮里	38-8599-56	87/02/01	-
		38-8599-10	61/04/01	農田水利會所有
		38-8598-04	69/05/01	-
		38-8598-05	83/06/01	-
		38-8530-55	71/08/01	-
		38-8530-65	78/05/01	-
		38-8530-63	83/10/01	-
		38-8554-97	88/04/01	-
		38-8546-08	71/10/01	-
		38-8554-35	83/08/01	-
		38-8340-20	69/01/01	-
		38-8340-21	83/02/01	-
潮寮	潮寮里	38-8434-01	83/05/01	-

資料來源：1. 電表號碼為田野調查（2013 年 3 月至 4 月）期間，抽樣紀錄所得。
　　　　　2. 電表申請時間資料明細：由臺灣電力公司鳳山區營業處營業課提供。
說明：本項調查所利用的地圖為，林務局農林航空測量隊（1996），《五千分之一中華民國臺灣地區像片基本圖　（第四版)》。

附錄7 大寮工作站所屬轄區執掌分配表

職稱	工作內容	所屬幹支線	所屬灌溉管理區域	灌溉排水面積(公頃)	所屬水利小組	區、里	地段
工程師站長	1.綜理全站業務 2.上級交辦業務	大寮圳 林園圳	全部面積	二二O八.八六	大寮圳及林園圳 所有水利小組	大寮區 林園區	全部地段
副工程師	1.主辦水利工程設計業務 2.陳情案件處理、各機關業務協商 3.受理水利建造物案件申請 4.工程業務報表製作	大寮圳一幹線	大寮農場一.二.三號抽水機	一三七.八八	大寮農場 淺井小組	翁園里 琉球里	翁公園段 上寮北段
區域管理員	1.主辦灌溉管理業務 2.主辦旱作管路灌溉業務 3.農作物種植調查表 4.作物產量調查表 5.輪灌計畫、灌溉期查具勤及成果統計表 6.大寮圳一幹支線分水調節	大寮圳一幹線	大寮圳 1.2.3.4.5、6.7.8.9輪區 負責第一幹線分水調節工作	三OO.八七	大寮圳第一、二水利小組	義和里 溪寮里 江山里 翁園里 琉球里	磚子碻段 翁公園段 溪寮段 義和段
區域管理員	1.主辦總務業務 2.會有公物財產物品保管 3.會有土地清冊管理	大寮圳一幹線	潮溪一.二.三號抽水機 大寮圳 12.13.14.15.16.23輪區	二九四.O五	大寮圳第四、五水利小組	過溪里 潮寮里 會結里 新厝里 上寮里 大寮里	上寮南段 頂寮段 開封段 赤崁潮州寮小段
區域管理員	1.主辦灌溉水質檢驗業務 2.主辦財務業務、搭排費用徵收 3.舊欠會費收據保管及徵收 4.大寮圳二幹支線分水調節	大寮圳二一幹幹線	大寮圳 10.11.17.18.19.20、30.31.32.33.34輪區，負責大寮圳及第二幹線分水調節	三一六.四九	大寮圳第三、七水利小組	上寮里 大寮里 琉球里 永芳里 三隆里 內坑里 會社里	上寮北段 上寮南段 大寮笃蕉腳小段 翁公園段 大寮段 赤崁潮州寮小段
區域管理員	1.主辦抽水機電業務、月報表 2.大型制、排水門管理及維修 3.協辦水利工程業務	大寮圳二幹線	大寮圳 25.26.27.28.29輪區	一七三.七六	大寮圳第六水利小組	江山里 中庄里 前庄里 翁園里 琉球里 永芳里	磚子碻段 翁公園段 永芳壹段 琉球段 山子頂段
區域管理員	1.主辦人事業務 2.每月員工差假勤情報告表 3.協辦灌溉管理業務 4.協辦水利工程業務	大寮圳二幹線	大寮圳 35.36.37.38.39.40輪區	一五七.三九	大寮圳第八水利小組	上寮里 大寮里 三隆里 過溪里	上寮南段 大寮笃蕉腳小段 後壁寮段 赤崁潮州寮小段
區域管理員	1.主辦示範工作班業務 2.文書收發文、檔案保管及歸檔 3.協辦灌溉管理業務 4.協辦水利工程業務	大寮圳	拷潭一.二.三.四號抽水機	六四.六一	大寮圳第九水利小組	會社里 內坑里 拷潭里	仁德段 水廠段 黃厝段 王厝段 邱厝段 明暴段
區域管理員	1.主辦資訊業務 2.各項計劃及成果統計表 3.期作各埤圳水稻、旱作實際取水量紀錄表 4.林園圳幹線分水調節 5.協辦灌溉管理業務	林園圳	林園圳一、二、三支線 林園圳幹線分水調節及新庄水門管理	三四五.三六	林園圳第一、二水利小組	大寮區 新厝里會結里 義勇里 昭明里義仁里 會結里 林內里中層里 潭頭里溪州里	赤崁段 新厝南段 赤崁潮州寮小段 潭頭段 溪州段
區域管理員	1.主辦水利小組業務 2.主辦違章案件處理 3.降雨量日、月測測統計 4.水稻插秧進度旬報表 5.輔導室業務	林園圳	林園圳四、五、六支線	四一八.四六	林園圳第三、四水利小組	中層里潭頭里 林園里東林里 王公里林家里 鳳厝里中門里 潭頭里港埔里 中芸里鳳芸里	潭頭段 林子邊段 林園段 王公廟苦等寺小段 港子埔段 港子埔中坑門小段 中芸段
總 面 積：				2,208.86	公頃		

216 資料來源：高雄農田水利會大寮工作站提供。

國家圖書館出版品預行編目（CIP）資料

大寮圳灌溉區農地經營與用水的關係變化
　（1933-2012）/ 林威權作. -- 初版. -- 高雄市 :
　高市史博館，巨流，2017.11
　　面 ; 公分. --（高雄研究叢刊 ; 第5種）
　ISBN 978-986-05-3874-8（平裝）

　1. 農業水利 2. 歷史 3. 高雄市

733.08　　　　　　　　　　　　　　106020167

高雄研究叢刊　第 5 種

大寮圳灌溉區農地經營與
用水的關係變化（1933-2012）

作　　者　林威權
策畫督導　曾宏民
策畫執行　王興安
執行助理　孫瑋騂、莊建華

編輯委員會
召 集 人　吳密察
委　　員　李文環、陳計堯、楊仙妃、劉靜貞、謝貴文

執行編輯　王珮穎、李麗娟
美術編輯　施于雯
封面設計　闊斧設計

發 行 人　楊仙妃
出版發行　行政法人高雄市立歷史博物館
地　　址　803 高雄市鹽埕區中正四路 272 號
電　　話　07-5312560
傳　　真　07-5319644
網　　址　http://www.khm.org.tw

共同出版　巨流圖書股份有限公司
地　　址　802 高雄市苓雅區五福一路 57 號 2 樓之 2
電　　話　07-2236780
傳　　真　07-2233073
網　　址　http://www.liwen.com.tw
郵政劃撥　01002323 巨流圖書股份有限公司
法律顧問　林廷隆律師
登 紀 證　局版台業字第 1045 號

　ISBN　978-986-05-3874-8（平裝）
　GPN　1010601779
初版一刷　2017 年 11 月　　　　　　　　　　定價：380 元